クリス・ジョンソン

メッセージBOOK

—HAVE FUN!—

楽しもう！

クリス・ジョンソン著

廣済堂出版

Carp
42

Carp

Carp

42
14

Carp

Hiroshima

Carp
42

42
82

Carp
42

Carp
42

42

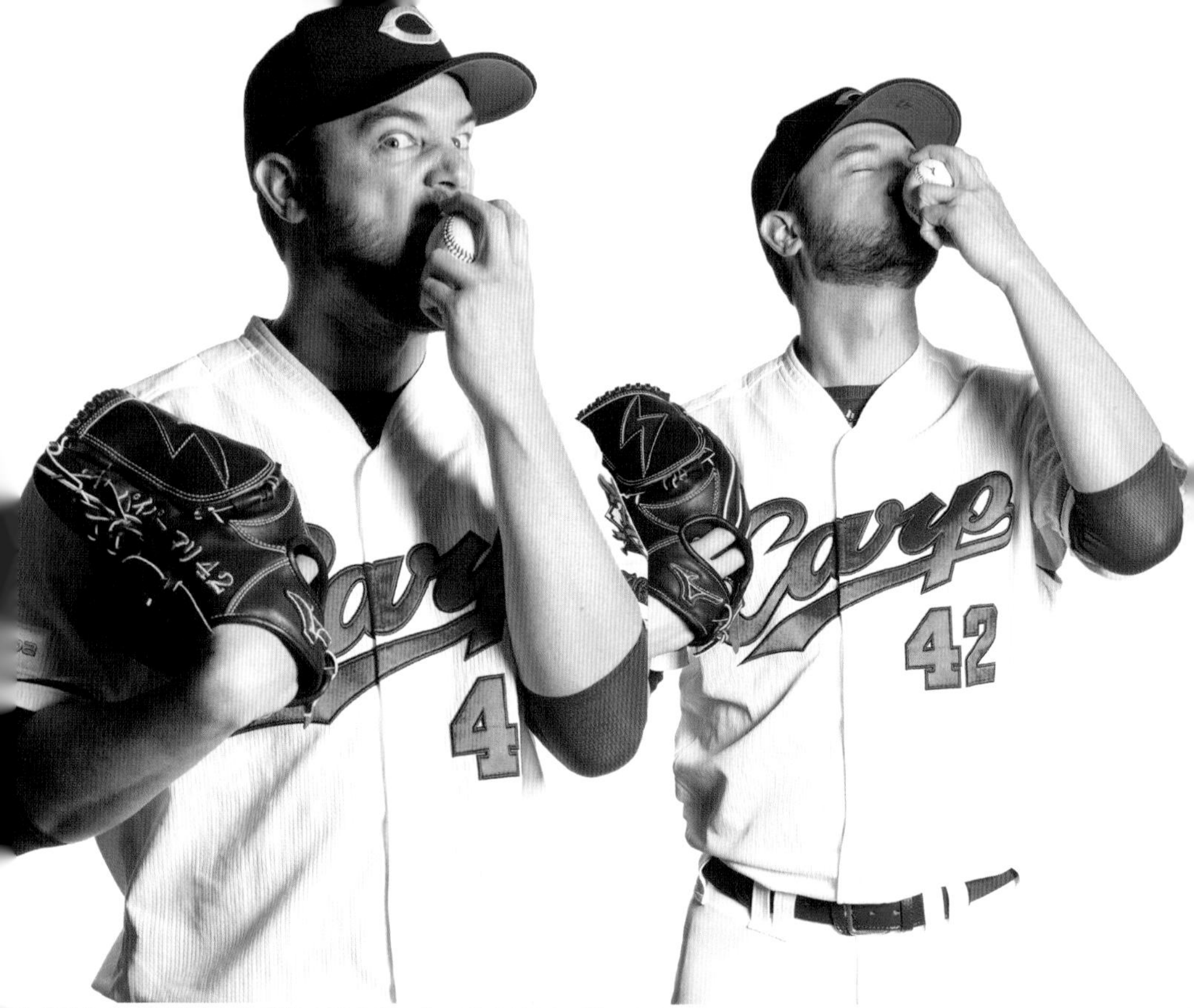
Carp
42
Carp
42

Young KJ's PHOTO ALBUM

あどけない表情を見せている幼少期。
右は、すでに野球好きなサウスポーで
あることがわかる、2歳時の写真。

父方であるジョンソン
家の祖父、祖母との写真。
おばあちゃんは日本人。

カリフォルニア州にあるメジャー球団「GIANTS
(ジャイアンツ)」と同名のチームでプレーした
リトルリーグ時代。今のフォームの面影《おもかげ》もある!?

体が成長し、一気に球速
が増した高校時代の投球
フォーム。現在の投げ方
に近づいてきている。

17歳のころ。ピッチャーをメインとする
中で、ファーストを守ることもあった。

バッティングフォームも決まっている、
右上写真と同じ「GIANTS」時代の一枚。

野球だけでなく、ストリートホッケー
など、様々なスポーツに親しんでいた。

★第2、3、5、6章各扉の右ページにも、過去の思い出の写真を掲載しています。

KRIS JOHNSON MESSAGE BOOK

クリス・ジョンソン

メッセージBOOK

―HAVE FUN!
楽しもう！―

まえがき

「今日もたくさんのエネルギーをカープファンからもらえているなぁ」

試合のマウンドに上がるたび、いつもそう思います。

カープファンで真っ赤に染まったスタンド。その光景は、グラウンドレベルから見ると、まさに圧巻《あっかん》。巨大なパワーをもらえる。近年は、ホームグラウンドのマツダスタジアムだけでなく、敵地でも赤いユニフォームやグッズを身にまとったカープファンで埋《う》まることが多くなった。ビジターなのに、ホームで戦っているような錯覚に陥《おちい》るほどで、実に心強い。カープファンは、いついかなるときも、熱く、温かな声援を送ってくれる。それは、あまりにも大きなサポート。感謝してもしきれないよ。

カープでのキャリアは2020年で6年目を迎えた。カープのプレーヤーとしてすごした日々は、「幸せ」のひと言に尽きる。「最高のサポーター」と称したくなるカープファンの存在が、日本での日々をさらに素晴らしいものにしてくれているんだ。

日本で5シーズンプレーしたことで、誇れる数字が積み上がっていることも、うれしい。19年終了時点での通算勝利数「57」は、カープの外国人投手としては歴代1位。日本行きを決意したときには想像もしなかった山の頂《いただき》に、いつしか登っていた。光栄だと、つくづく思う。19年は序盤に調子が上がらず、イニング数を消化できなかったけれど、なんとか持ち直し、最終的には、11勝8敗、防御率2・59という成績を残せた。でも、チーム成績はリーグ4位。一丸となって目指したリーグ4連覇の夢は潰《つい》えてしまった。その悔《くや》しさは、今もなお消えていないよ。今シーズンは是《ぜ》が非《ひ》でもペナントを奪回し、日本一にもなりたい。その一心でオフから準備を続けてきた。とにかく勝ちたい。愛するカープファンを喜ばせたい気持ちでいっぱいなんだ。

日々、生きる中で僕がいつも心がけているのは、どんなことに対しても「楽しむ」気持ちを持つこと。今、僕にとって野球は仕事だけれど、野球大好き少年だった子どものころの気持ちのまま、プレーすることを大切にしている。心に置いているのは「HAVE《ハブ》 FUN《ファン》!（楽しもう、楽しんで！）」のフレーズ。何事《なにごと》も楽しめる心が幸せを呼び込み、成功だって引き寄せる。僕はそう信じています。

クリス・ジョンソン

目次
Contents

第3章　愛すべき個性的な仲間たち　63

第4章　クリス少年の夢が叶《かな》うまで　97

第5章 僕のお気にいりの世界 117

第6章 高みを目指す KJの流儀 137

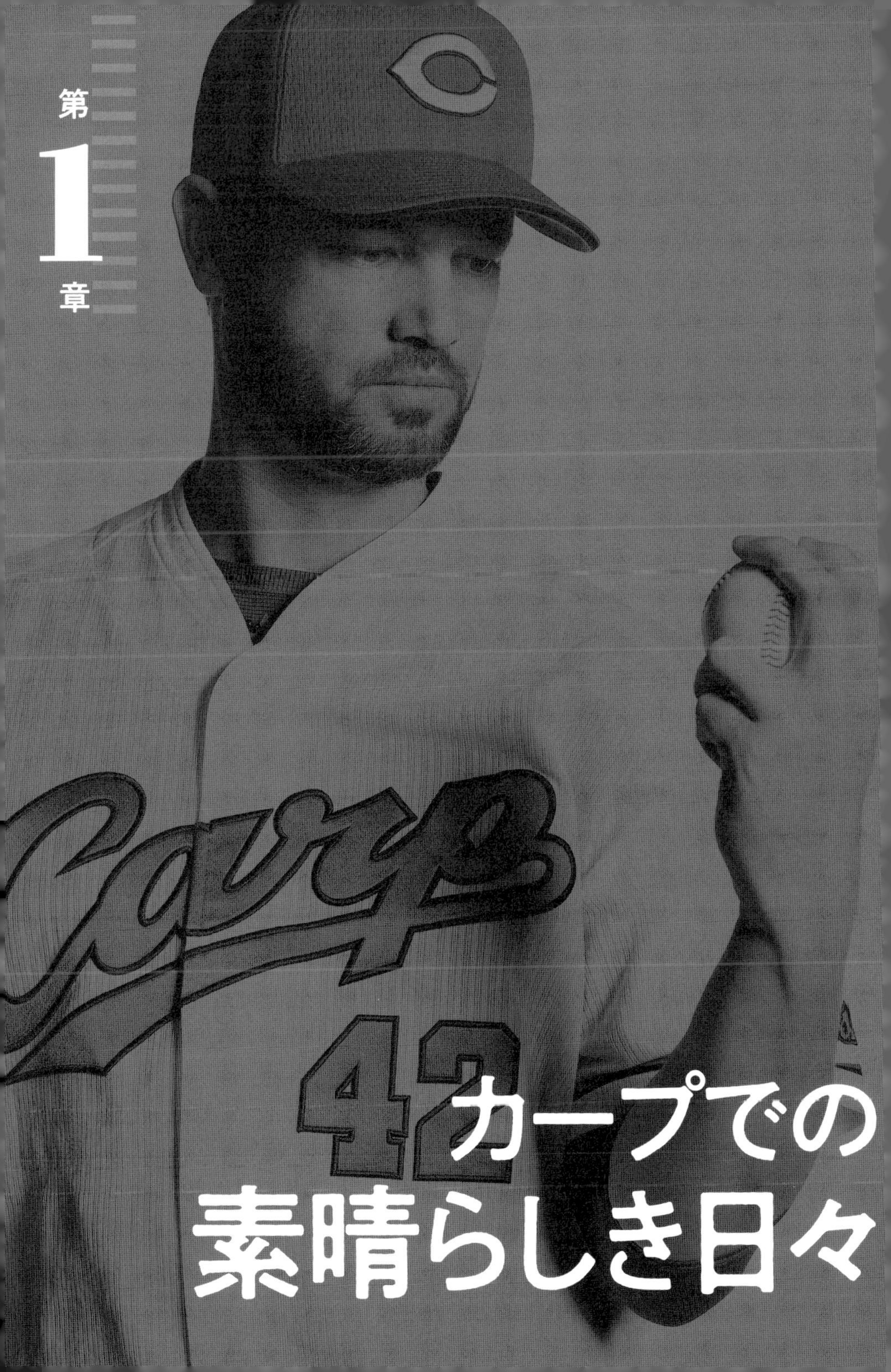

第1章 カープでの素晴らしき日々

異国の地でのゼロからのスタート

「さぁ、いよいよ日本でのベースボール生活が始まる！　広島東洋カープに貢献できるよう、頑張《がんば》るぞ!!」

今から約5年前となる2015年2月1日。春季キャンプの地である宮崎県日南《にちなん》市で、僕のカープ人生は発進しました。初めて訪《おとず》れた異国の地でのゼロからのスタート。身の引き締まるような緊張感は、今でも鮮明に思い出せるよ。

カープの予備知識は、ないに等しかった。でも、キャンプ、オープン戦を通じ、「チームメイトがどのようなプレーヤーなのか」ということがわかっていき、チームの全容が見えるようになってくると、シーズンに向けての期待感はどんどん膨《ふく》らんでいったんだ。

「前年の14年シーズンは3位だったと聞いたけれど、十分、優勝争いができるチームなんじゃないのか……？」

メジャーのニューヨーク・ヤンキースからカープに復帰した黒田博樹《ひろき》さんと、14年に11勝をマークした「マエケン」こと前田健太《けんた》（現ミネソタ・ツインズ）が軸を務めていたピッチングスタッフは、非常に充実していると感じた。

野手では、前年、ともに不動のレギュラーとして全試合に出場し、初の打率3割超えを果たした菊池涼介《りょうすけ》、丸佳浩《まるよしひろ》（現読売ジャイアンツ）の2人が充実期に突入し、プロ2年目の田中広輔《こうすけ》は、フルシーズン、ショートを任せても大丈夫と思わせるプレーを、キャンプの段階から見せていた。前年、セ・リーグ本塁打王を獲得したブラッド・エルドレッドの長打力も健在。黒田さんとともにカープに復帰した新井貴《たか》浩《ひろ》さん（元広島、阪神タイガース）を筆頭とするベテランとヤングマンが、非常にいいバランスで融合していた。

「戦力は揃《そろ》っている！　若手が経験を積み、確かな自信をつけることができれば、15年のペナントレースを制するチャンスは十分ある!!」

ただ、初体験の日本球界でフルシーズンプレーした場合、自分がどのくらいの成績が残せるのか、という点に関しては、皆目《かいもく》、見当がつかなかった。

公式戦、初登板初完封！

カープでの公式戦初登板は、15年3月28日。マツダスタジアム（MAZDA《マツダ》 Zoom《ズーム》－Zoom《ズーム》 スタジアム広島）での開幕第2戦の東京ヤクルトスワローズ戦に決まった。初登板前夜、僕は非常にナーバスな状態に陥《おちい》っていた。当時フィアンセ（婚約者）だった現在の妻・カーリーがそんな僕の気持ちを落ち着かせてくれたことで、ようやく眠りにつくことができたんだ。

ペナントレース本番で自分の投球がNPB（日本野球機構）の各打者にどのくらい通用するのかが、まったくイメージできなかった。初の公式戦マウンドで、具体的にどういった結果を目指せばいいのか、自分になにを期待していいのかはわからなかったけれど、とにかく「いいピッチングをしたい！　自分のできることを必死にやろう!!」と思ったんだ。

コンビを組むキャッチャーは、ベテランのイシ（石原慶幸《よしゆき》）だった。「相手打線を熟知し、豊かな経験を誇るイシを、ひたすら信じて投げよう」。その一心だった。

イシは、インコースをどんどん要求してきた。僕はイシのミットを目がけ、無我夢中で投げ続けた。そして、気がつけば、僕はマツダスタジアムのスコアボードにゼロを9つ刻んでいた。1安打無四球の完封勝利。7回にこの日、唯一《ゆいいつ》のヒットを山田哲人《てつと》に打たれるまではパーフェクトピッチング。つまり、準完全試合ということになる。僕は、日本で最高にグッドなスタートを切ることができたんだ。

この来日初勝利は、カープにとって、15年シーズンの初白星であり、緒方孝市《おがたこういち》新監督（元広島）の就任初勝利でもあった。緒方さんに初勝利をプレゼントできたことは、喜びを増幅させた。一生の思い出になるメモリアルなゲームとなったよ。

カープでの1年目、僕は28試合（すべて先発）に登板し、14勝7敗をマークした。防御率1・85は、リーグトップ。1年目から最優秀防御率のタイトルを獲得できた。アメリカの3A時代に最優秀防御率のタイトルを獲《と》った経験はあったけれど、よりレベルの高い、ビッグなステージで獲得できた異国でのタイトルは、うれしさのレベルがケタ違いだったね。

このシーズン、チームは残念ながら4位に終わった。でも、黒田さん、新井さんらベテランが引っ張りつつ、リリーフの中﨑翔太《なかざきしょうた》やフルでレギュラーを張った田中広輔など、若手の成長が感じられ、大きな手ごたえが残った。「来シーズン（16年）こそはチャンピオンになれる」。そんな確信にも似た予感に襲われた。そんな思いを胸に、アメリカに帰国後の11月、婚約していたカーリーと結婚式を挙げた。ハンパない充実感と幸福感に包まれながら、こうして僕のカープ1年目は幕を閉じた。

16年日本シリーズ第1戦は、生涯忘れ得ぬ試合

来日2年目の16年。ペナントレース開幕を数週間後に控えたある日、緒方監督から直接、次のような言葉をいただいた。

「開幕投手を、君にお願いしたい」

まったく予期していなかった指揮官直々《じきじき》の言葉だった。この年、投手陣はメジャーに移籍した前田健太を欠いていたけれど、黒田さんがいた。僕は、てっきり黒田

さんが開幕投手を務めるものだと思っていた。

「名誉ある開幕投手の座を、僕が……？」

「よろしく頼むぞ！」

とてつもなく巨大な名誉をいただけた気がした。「こんなにも光栄なことがあってていいのか……」。うれしくて、たまらなかった。早い段階で監督から直接伝えられたことが、うれしさにさらに拍車をかけた。この吉報を一刻《いっこく》も早く、妻となったカーリーに知らせたい衝動《しょうどう》に駆《か》られたけれど、こんなビッグでグッドなニュースは、やはり直接顔を見て伝えるべきだと思い直した。すると、帰宅するなり、妻から「なにかいいことあったでしょ！」と言われたんだ。

「な、なんでわかったの？」

「だって顔に書いてあるもの。いいことがあったって。さぁ、言ってごらんなさい。なにがあったの？」

「俺《おれ》、今日、開幕投手に指名されたんだよ！」

「本当に？　なんて光栄なことなの！」

どれほど名誉なことなのかをすぐに理解し、僕に抱きついてきた彼女は、何度も「おめでとう！」と言ってくれた。

3月25日、横浜DeNAベイスターズと相まみえた開幕戦（マツダスタジアム）の結果は、8回を投げ、2失点。残念ながら勝ちはつかなかったけれど、ゲームを作ることができて、ホッとしたよ。

この年、カープは5月以降、首位を走り続けた。そして、9月10日の巨人戦（東京ドーム）で、優勝マジックはついにゼロになった。優勝を狙《ねら》えるチームだとは思っていたけれど、実際にその瞬間がやってくると、想像を超える感動に襲われた。スタンドを見渡すと、涙を流しているファンがたくさん目に入った。カープのリーグ制覇は自分がまだ7歳だった1991年以来だというから、その喜びは、ファンにとってもひとしおだろう。そんな25年ぶりのVの瞬間に、カープの一員として胴上げに参加できたことの幸せを、これでもかと噛《か》みしめたんだ。

初めてのビールかけも最高だった。大きめのゴーグルでバッチリ決めて、緒方監督に思いっきりビールをかけさせてもらったよ。そのあと17、18年も経験したけれど、何度やってもいいものだ。20年は佐々岡真司《ささおかしんじ》新監督に、ぜひビールをかけたいね。

この2年目の16年、僕は26試合（すべて先発）に登板し、15勝7敗、防御率2・13の成績をマーク。チームとしても個人としても非常に満足できるシーズンとなった。

続くポストシーズンでも、クライマックスシリーズファイナルの第1戦の先発を任され、DeNAを3安打完封。チームの日本シリーズ進出に貢献することができた。

そして、北海道日本ハムファイターズとの日本シリーズでは、クライマックスシリーズに続き、第1戦の先発を託《たく》された。日本ハムの先発投手は大谷翔平《しょうへい》（現ロサンジェルス・エンジェルス）だった。

「負けたくない。大谷に投げ勝ちたい！」

そんな強い思いを持って、マツダスタジアムのマウンドに上がった。打線はブラッド・エルドレッド、松山竜平《りゅうへい》らの効果的な長打などで、難敵・大谷を見事に攻略。僕は6回3分の2を投げ、1失点。チームに勝利をもたらすことができた。「カープで最も印象に残っている試合は？」と問われれば、僕は迷わず、大谷に投げ勝つことができたこの試合を挙げる。生涯《しょうがい》忘れ得ぬ試合だよ。

外国人投手としては史上2人目の沢村賞を獲得！

北海道日本ハムとの日本シリーズの最中、うれしいニュースが届いた。

遠征先のホテルでエレベーターに乗り込むと、一緒に乗り合わせたコーチの方々に、「コングラッチュレーション！　おめでとう!!」と言われたんだ。

「え……？　なにがおめでとうなの？」

「今年の沢村賞に選ばれたんだよ！」

「さ、沢村賞……？　本当に？」

「本当さ！　さっき、発表されたんだ!!」

そのシーズンで最も優《すぐ》れた先発完投型の本格派投手に贈られる沢村賞。前年（15年）に前田健太が獲得していたので、賞の存在は知っていた。アメリカのサイ・ヤング賞にあたる名誉な賞だということも把握《はあく》していた。狙っていたわけではないけれど、16年の成績が、沢村賞の選出条件の7項目中、4項目を満たしていたので、「ジャパニーズ版のサイ・ヤング賞を獲るチャンスがあるかも……」という思いは、心の隅《すみ》にはあった。でも、実際に受賞の知らせを聞いたら、空に舞い上がりそうな興奮に襲われた。外国人投手としては52年ぶり2人目の快挙と聞かされ（1964年に受賞した、阪神のジーン・バッキー以来）、喜びは頂点に達したよ。記者会見後、妻とホテルの最上階のレストランで鉄板焼きを味わいながら、2人で受賞を祝った。

「沢村賞のトロフィーは、シーズン終了後、アメリカに戻ってから、向こうの自宅に届けられるんだって」

「楽しみね！　早くその日が来てほしいわ!!」

オフシーズンに入り、待ちわびたトロフィーが自宅に届けられた。

「来たぞ、来たぞ！　さぁ、家のどこに飾ろうかな」

ワクワクしながら梱包《こんぽう》を解くと、なんと、箱の中でトロフィーは壊れていた。トロフィーが入っていたケースも割れていて、ガラスや木製の破片が箱の中に散乱している、無残な状態だった。

「どういうことなんだ？　こういうものを輸送するときは、もう少し丁重《ていちょう》に扱う必要があるだろう……?」

もう腹が立って、腹が立って……。運送業者にクレームを入れたんだけれど、結果的には保険で200ドルが支払われただけ。「壊れたからといって、沢村賞を獲得した名誉は失《う》せないけれど、やっぱり形には残したかったなぁ……」。ひどく落ち込んだよ。

そんなとき、妻の父が僕に内緒で、腕のいい職人に、「なんとか直せないか」と頼み込んでくれてね。その結果、トロフィーは見事に修復された。翌17年のオフに帰国したときに開いてくれたバースデーパーティーで、義父が僕にプレゼントしてくれたんだ。義父には何度、お礼の言葉を伝えただろう。その優しさには感謝しかない。

よみがえったトロフィーは、アメリカの自宅で大切に保管しているよ。子どもが大きくなったら、「日本で父が頑張《がんば》った証《あかし》」として見せようと今から決めているんだ。

来日2年目の16年はもう1つ、大きなグッドニュースがあった。まだシーズンが始まって間《ま》もない5月、エージェントから電話があったんだ。

「カープが契約延長のオファーを提示してきている。17年からの3年契約だ」

心の底から驚いた。こんなにも早い段階で継続オファーが来るなんて、思ってもいなかった。しかも、3年契約。カープがそのような複数年契約を外国人に提示したのは初めてとも聞いた。光栄に思わなければバチがあたる話だと思った。

妻は、「あなた、良かったじゃない！　カープのためにまだまだ日本で頑張りましょう!!」と言ってくれた。娘と遠く離れて暮らす日々が続き、寂《さび》しい思いをしているであろう、妻のファミリー（家族）も、「光栄なことじゃないか！　みんなでアメリカから応援してるからな！　カープの力になれるよう頑張れ!!」と、あと押ししてくれた。僕のファミリーからも、「必要とされるのは喜ばしいこと！　日本でとことん頑張れ!!」というメッセージが届いた。僕を支えてくれる人すべてに感謝しながら、19年までカープでプレーすることが保証された契約書にサインをした。

カープの外国人最多勝利記録を更新中！

3年契約1年目の17年。前年同様、開幕の数週間前に、緒方監督から直接、「今年も開幕投手を頼む！」と伝えられた。

「わかりました！　ありがとうございます!!」

前年に沢村賞をいただけるほどの成績を残せていたので、「今年も指名されるのでは……?」と、内心、期待していた言葉だった。

「2年連続で開幕投手を任されるなんて、カープに来たときには1ミリも想像できなかったよなぁ……」

2年連続で開幕投手を務めるカープの外国人投手は自分が初だということも知った。

「よーし、今年も沢村賞を獲れるくらいの成績を残すぞ！　頑張るぞ!!」。そんな意気込みとは裏腹に、カープ3年目の17年は非常に苦しんだシーズンになってしまった。

3月31日の開幕戦、予定どおりに先発マウンドに上がったものの7失点を喫《きっ》し、4回途中で降板。その数日後、発熱を伴《ともな》う体調不良に見舞われ、あわてて病院に行ったところ、咽頭炎《いんとうえん》という病気だと診断された。熱は40・5度まで上がり、そのまま入院。開幕直後だというのに、出場選手登録を抹消《まっしょう》されてしまった。

熱があるのに、寒くて仕方がない。毎日、妻が病室で看病してくれたんだけれど、あまりに高熱がひかないので、全身にアイスパックをあてでもらう日々が続いた。

結局、病院のベッドの上で2週間をすごした。入院中はブルーベリー以外、体が食べ物を受けつけなかったため、退院時には体重が約10キロも落ちていた。

退院後、必死に体重を戻しながら実戦復帰を目指したけれど、シーズン初勝利をあげたときには、すでに6月に突入していた。悪いことは続くもので、シーズン後半には左のハムストリングス(大腿部《だいたいぶ》の後面の筋肉)を痛めてしまい、シーズン2度目の戦線離脱。一軍復帰に1か月を要した。結局、17年はシーズンの半分ほどしか一軍でプレーできなかったこともあり、登板数はわずか13。成績は前年を大きく下回り、6勝3敗、防御率4・01。せめてもの救いは、チームがリーグ2連覇を達成したことだった。

「来年こそはフルシーズン働き、チームの優勝に貢献したい! 病気になる前の自分に戻りたい!!」

そんな強い決意とともに、4年目のシーズンに臨《のぞ》んだ。

来日4年目の18年は、2年続けた開幕投手の座を野村祐輔《ゆうすけ》に譲ったものの、先発ローテーションに入って、きっちりと投げ続けた。中でも、5月11日に4勝目をあげてから、9月11日に黒星を喫するまで、8連勝を記録。大型連勝の一方で、調子の悪い時期もあり、アップダウンのあるシーズンだったけれど、最終的には24試合に登板し、11勝5敗、防御率3・11を記録。カープのリーグ3連覇に貢献することができた。前年、チームに迷惑をかけてしまっただけに、うれしさと安堵《あんど》の気持ちが入り混じったV3だった。

この年、7月16日の中日ドラゴンズ戦であげた6勝目は、日本での通算41勝目。11年から14年にかけ、カープに在籍したブライアン・バリントン（元カンザスシティ・ロイヤルズ、オリックス・バファローズなど）を抜き、カープの外国人投手として歴代最多勝利記録を樹立したと聞かされた。

「長い歴史を誇るカープというチームで、まさか自分がトップに立つ日が来るなんて……。なんて名誉なことなんだ！」

そして、19年は11勝（まえがき参照）。勝利をあげるたびにチーム歴代1位の記録を自分で塗《ぬ》り替えていく日々は、やりがいにあふれている。どこまで記録を伸ばせるかはわからないけれど、カープのユニフォームを着ているあいだに、1つでも多く積み上げていきたいと思う。道なき道を可能な限り、切り拓《ひら》いていきたいんだ。

COLUMN

私が見た「クリス・ジョンソン」の素顔

DAICHI OHSERA

大瀬良大地 投手

「素晴らしい投手だけど、おじさんなんだから、無理しちゃダメ(笑)」

「背が高くて、スタイルが良くて、ピッチャーらしい体型をしている人だなぁ」

2015年春のキャンプで初めてKJ《ケイジェイ》（クリス・ジョンソンの愛称。詳細は76〜77ページ）を見たとき、そう思ったことをよく覚えています。

いざブルペンで投げ始めると、ピッチングフォームの柔らかさに驚かされました。まるでキャッチボールの延長のような力感のないフォームから「ピュッ！」という感じで、キレキレのボールがキャッチャーミットに突き刺さる。とくに釘《くぎ》づけになったのは、踏み出した右足が着地したあともなかなかボールが出てこない、粘っこく、柔らかなリリースでした。

「バッターは、さぞやタイミングがとりづらいだろうなぁ……。あんな粘っこいリリースができるようになりたいもんだなぁ……」

僕は、踏み出した足が着地してから、すぐにボールをリリースしてしまう、KJとは真逆《まぎゃく》のタイプ。「投げそうで投げない」リリースのコツについて、KJにはこれまでにしつこいくらい尋《たず》ね、何度もトライを重ねているのですが、どうやっても彼のようには投げられない。やはりあの柔らかさは、天性のものなのでしょうね。

KJのピッチャーとしてのいちばんの素晴らしさは、「ピンチの場面で厳しいコースに投げ続けることができる技術とメンタリティ」だと思っています。仮にコントロールミスをしたとしても、真ん中の方向に入らず、必ずと言っていいほど、ボールゾーンのほうにズレるんです。だから大ケガが少ない。「やっぱ、とんでもないピッチャーだな。レベルが高すぎる。すごいわ」と思いながら、彼の登板試合をいつも見ています。

僕の登板試合も、いつもチェックしてくれています。試合後などに、「あの場面で、どうしてあのボールを投げたの?」「あの球種じゃダメだったのか?」などと、投球の組み立てに関する質問をしてきて、僕が答えると、それに対するアドバイスをよく、くれるんです。「次は、そのボールを使って、やってみる!」と返したくなる有益な内容が多いので、非常に助かっています。

KJはクールなイメージがあるかもしれませんが、ジョーク好きですし、ふざけるときはしつこいくらいふざけるんですよね。練習中も、こっちが集中したい場面であえてちょっかいを出してきたり。そんなときは、「おい、ちょっと集中させろや!」なんて言っちゃいます(笑)。

30代なかばを迎えたKJが練習中に疲れた素振《そぶ》りを見せたときなどは、「おじさん!」と呼んで、からかっています。「おじさんなんだから、無理しちゃだめよー!」と。彼もおじさんの意味はわかっているので、「誰がおじさんやねん！」などと返してきます(笑)。
チームメイトとしてすごす時間が長くなるにつれ、冗談を言い合ったり、いじったりいじられたりする機会が増えてきましたね。

ＫＪは家族との時間を大切にすることもあり、プライベートで一緒に食事に行くことはずっとなかったのですが、19年、初めてＫＪと一緒に食事に行く機会に恵まれました。僕とＫＪと野村祐輔さんと通訳の方の４人。沖縄のステーキレストランに行って、そのときにＫＪがお酒を飲んでいる光景を初めて見たんです。「学生のときはむちゃくちゃお酒を飲んでいたけど、今はもう年だから、そんなには、むちゃ飲みはしなくなったよ」なんて言っていましたね。

普段はなかなか深いところまで話すことはありませんけど、お酒を飲みながらのリラックスした空間だったこともあり、メジャーを目指していた若いころになかなか思うようにいかず、苦労したシーズンが何年もあったことなど、僕が初めて聞くような話もたくさんしてくれました。日本に来てからずっと活躍し、素晴らしい実績を残しているので、アメリカでも順調に階段を上がってきたピッチャーなのかな、と勝手に決めつけていたところがあったので、「ＫＪもいっぱい苦労したんだな。そういう時代があって、今があるんだなぁ」と感慨深《かんがいぶか》かったです。あの日をきっかけに、さらに絆《きずな》が深まったような気がします。食事をする機会を、もっと積極的に作りたいなとも思いましたね。もっともっといろんな話が聞きたい。おじさんからのまたのお誘いをお待ちしています！　いつでも喜んで行きますので!!

Young KJ's PHOTO ALBUM

少年時代の表情。右は、地元のオールスターチームに選出されたときの記念写真。

第2章

驚かされた日米の違い

練習量の多さにびっくりした、初の春季キャンプ

「日本とアメリカ。国が違えば、文化も風習も違う。野球だって、違いがあって当然」自分にそう言い聞かせ、日本にやってきました。でも、日米の違いに驚くことはこれまでにたくさんあった。とくに来日当初は、「?・」の連続だったよ。

日本式の野球という面において、いちばん最初に驚いたのは、練習の「量」がアメリカに比べると多いことかな。

宮崎県の日南キャンプ初日、自分は午後1時ごろに「もう帰っていいぞ」と言われたので、「わかりました。お疲れさまでした!」と言って、球場をあとにした。実際、疲れ果てていた。アメリカのキャンプの全体練習は通常、昼過ぎに終わるので、なんの疑問も持たずにホテルに戻った。「日本の練習メニューは、けっこうハードだなぁ。ゆっくり疲れをとろう」なんて思いながら。

ところがホテルに着いても、チームメイトが誰一人として戻っている気配がない。

2時間近くが経過したころ、ようやくポツポツと戻り始めた。

「え……？　みんな、今までずっと球場で練習をしていたということ……？」

日没が近づき、夕食の時間になってようやくホテルに戻ってきた選手も少なくなかった。バスから降りてきた選手の多くは、泥だらけだった。「帰っていい」と言われたのは、助っ人外国人ゆえの特例だったことを知ったときは愕然《がくぜん》としたよ。

日本の投手たちがブルペンで投げ込む投球数の多さにも驚かされた。ブルペンの至るところで100球、150球レベルの球数が、「さも当たり前のように」投げ込まれている。ときには200球、300球を投げ込む日もあると聞き、言葉を失ってしまった。

僕自身は、そんな量をブルペンで投げたことがなかった。多い日で、せいぜい1日50球。20～30球投げて終わる日のほうがはるかに多い。僕に限らず、アメリカでは、ほとんどのピッチャーがそうだった。僕自身は「アメリカ時代の調整法でいいよ」と言われていたので、3ケタの球数を投げることを強《し》いられたわけではないけれど、まわりを見ながら、「今からそんなにたくさん投げたら、うちの投手陣はシーズンの途中でバテてしまわないだろうか……?」と、心配せずにはいられなかった。

ピッチャーのブルペン調整法という要素ひとつとっても、これほどの違いがある。

その事実に興味を掻《か》き立てられたよ。

「たくさん投げ、あえて体を疲れさせることで、無駄な力が抜け、体をじょうずに使うコツを覚えやすくなる」

そういう意図が日本の投げ込みに込められているケースもあると知り、驚いた。

これまで考えてもみなかった発想に触れたことで、「量をこなす世界もアリなのかも」という視点を持てるようになった。

日本に来ていなければ、きっと永遠にたどり着けなかった境地だと思う。

驚かされた日本の高校野球の世界

甲子園大会を通じ、日本での高校野球の人気の高さを知ったときはびっくりしたなぁ。

「すべての試合が全国中継されていて、タイガースの本拠地である甲子園球場は連日大観衆で埋《う》まっている。高校生の野球がここまで大きく扱われ、人々を熱狂させるなんて、アメリカでは考えられない……」。口をあんぐりさせながら、来日1年目にテレビで放映されている高校野球中継を見ていたことを思い出すよ。

甲子園出場経験のあるチームメイトも多いし、みんなお互いの母校を知っているので、大会期間中はチーム内でも高校野球の話で、ひんぱんに盛り上がる。そんなときは、「俺《おれ》の母校も甲子園出場を決めたぞ！　お祝いの差し入れしてきた！」なんて言って、話の輪に加わりたくなるよね(笑)。

「次、お前んとこの母校と、俺の母校の対戦じゃん！」

「そっちは優勝候補らしいけど、負けないぞー！」

そんなやりとりに、密《ひそ》かに憧《あこが》れていたりする。

とはいえ、甲子園大会は短期間に集中して多くの試合をトーナメント方式で行うため、たくさんのピッチャーがかなりの球数を大会期間中に投げていることを知ったときは、「え……?」と思ってしまった。ときには、1大会で600、700球を投げるピッチャーも珍しくないと聞き、心の底から驚いた。

20年から、「1週間に500球以内」というガイドラインができたそうだけれど、僕はそれでもまだ多いと感じてしまう。

自分の高校時代を振り返ると、1試合で投げる球数は多くてもせいぜい80～90球程度。100球を超えたことはただの一度もなかった。僕が投げる試合をいつも見に来ていた父も、それ以上投げることは絶対に許さなかった。

中学時代は、1試合50球がマックス。大半は40球程度だった。「成長期のピッチャーはそれくらいの球数が当たり前」。それが指導者、選手、保護者も含めたみんなの共通認識だった。

確かに、たくさん投げたからといって、すぐに投げられなくなるケースはまれだろう。でも、「痛みがない、症状がない」からといって、たくさん投げていい理由にはならない。投球過多による症状が出るのは、えてしてもっとあとのこと。何年も先のことだったりするからだ。

「たとえ痛みがなくても、骨が成長しているあいだは、たくさん投げるという行為によって、なにか良くないことが体の中で起きている」

たぶん、そう考えるくらいでちょうどいい。

もちろん、たくさん投げることで得られるプラスの世界はあるのかもしれない。でも、やはり肩は、どこまでいっても「消耗品《しょうもうひん》」だと思う。

僕は、一生のうちに投げられる球数と言うのは、個人差はあれど、だいたい決まっていると考えている。人間の肩をピストルに例えると、肩に込められている弾丸の数はけっして無限じゃないんだと。そして、その弾丸の数は、おそらくそう多くはない。大切に使う必要があると思うんだ。

日本の野球ファンは、自分たちをもっと誇っていい

「日本の野球ファンは、なんて素晴らしいんだ！」

日本でプレーし、真っ先に心を揺《ゆ》さぶられたのは、「野球ファンの質の高さ」だった。

アメリカでは期待に沿《そ》う活躍ができなかったら、本拠地であってもファンからブーイングの嵐を浴びることも珍しくない。僕は、「きっと向こうでもそうなんだろ

うな」と決めつけ、日本にやってきた。

「自分は助っ人外国人だし、日本のファンの見る目はさらに厳しいはず。少しでも結果が悪かったら、ブーイングの嵐なんだろうな。『ジョンソン！　アメリカに帰れー!!』なんて罵声《ばせい》が飛んでくることは覚悟しなきゃ……」

でも、実際は違った。日本に来てからの5シーズン、スタジアムでブーイングが起こったシーンなんて一度も見たことがない。選手を責めるのではなく、「頑張《がんば》れー！」「次は頼むぞ!!」という温かい言葉が、プレーヤーたちに向けられる。声を揃《そろ》え、大きなボリュームでチーム、選手たちの応援ソングを歌って選手たちを勇気づけ、奮《ふる》い立たせてくれる。

「これぞ、真のファン。真のサポーターだ……」

いつも、そう思う。日本の野球ファンは、もっと誇っていい。自分たちがプレーヤーにとって、ものすごく力強い存在になっていることを。

「攻撃側が応援ソングを歌うときは、守備側は応援歌を流さない」というルールが徹底されていることにも驚いた。対戦している敵チームのファンの立場すらも、きちんと尊重する。そんな日本の野球ファンたちの応援に対する姿勢が、僕は大好きなんだ。

日本人プレーヤーたちのけっして手を抜かないプレースタイルにも驚かされた。いついかなるときも、全力。走るときも、常に全力疾走。たとえ10点差がついていても、まるで同点の試合のように、どの選手もプレーする。

日本の選手たちは、ネバーギブアップ精神がすごいんだ。簡単にあきらめない。アメリカのプレーヤーたちにそうした気持ちがないとは言わないけれど、レベル、次元が違うと感じた。日本人には「Persistance《パーシスタンス》」（粘り強さ、根気、持続性）がある。アメリカの野球人も見習うべき部分だと思っている。

日本球界は、粘っこい打者が多い！

日本の打者と対戦してみて、僕が感じた第一印象は、「当てることがうまい、コンタクトヒッターが多いなぁ。巧打者が打線に占める割合が、アメリカよりも高い！」

だった。

アメリカでは2本のヒットで1点を取りにいく攻撃イメージが主流なこともあり、全力でバットを振ってくる打者が大半を占める。でも日本では、粘っこくボールに食らいつき、しぶとくヒットゾーンにシングルヒットを運んでいくことに長《た》けた打者が多い。厳しいコースはファウルで逃げ、たくさん投げさせようとする打者が多く、必然的にファウルの数も多くなる。「根負けするか！」と思いながら、いつも投げているよ。

日本で印象に残るバッターと言えば、しぶとくヒットコースに運ぶテクニックとパワーを兼ね備え、打率とホームランを両立できる坂本勇人《はやと》（巨人）。いい選手だなぁといつも思う。今やＮＰＢを代表するバッターと言っていいよね。対戦していても楽しいよ。

元横浜ＤｅＮＡの筒香嘉智《つつごうよしとも》（現タンパベイ・レイズ）も対戦が楽しみだった長距離打者。彼がメジャーに行く機会に恵まれたのは、非常にうれしかったよ。きっとアメリカでも、成功をおさめることができるんじゃないかな。

日本の「あがり」システムに驚いた

アメリカでは野球に引き分けというルールが存在せず、たとえ夜中になろうが、試合は決着がつくまで続行されるので、日本に「引き分け」という制度があることを知ったときは心底《しんそこ》びっくりした。思わず通訳に、「タイゲーム？ 決着がつかないまま、試合が終わっちゃうの？ なんで!?」と、しつこく聞いてしまったことを思い出す。

最初は白黒がつかずに試合は終わることに違和感だらけだったけれど、今では「敗者もいないし、家にも早く帰れるし、いいじゃないか」と思えるようになった。新しい外国人がやってきて、引き分け制度にびっくりしていたら、「やがて好きになれるさ」と伝えているよ。

先発ローテーションで回るピッチャーの基本的な登板間隔が日米で異なることにも、最初は驚いた。

日本では週に一度の登板がノーマルだけど、アメリカでは中4日、中5日が主流。リカバリー期間が中6日と長い、日本式だと1試合の中でより長いイニングを投げられる感覚は確かにあるけれど、自分はどの間隔でも適応できる自信があるし、試合で投げて勝負することが大好きなので、次の登板までの間隔が短くなっても、全然ウェルカム。僕にとって、登板間隔はたいした問題じゃないかな。

ただ、日本では通常、先発ローテーションピッチャーには、「あがり」と呼ばれる、完全休養日が週に1日与えられる。この点に関しては、断然、日本式を支持する。

アメリカのメジャーでは、日本よりも出場登録可能な人数が少ないこともあって、登板予定がなくても、常にチームに帯同し、ベンチに入るシステム。先発ローテーションで回っているピッチャーであっても、単独で完全オフの日など存在しない。だから、日本の「あがり」システムを知ったときは、びっくりしたよ。

あがりの日は基本的に、家族と一緒にリラックスしてすごすことが多い。シーズン中に家族とすごせる時間は、アメリカと比べると、断然多くなる。この日本式システムを嫌う先発ピッチャーは、この世にはおそらく存在しないんじゃないかな。

慣れるしかない！ 気持ちで克服した柔らかいマウンド

「日本のボールとアメリカのボールでは、縫《ぬ》い目の高さなどが異なる。慣れが必要」日本に来る前からそんな情報を聞いていたけれど、自分はすんなりと日本のボールに適応できた。確かにメジャーのボールは日本のボールよりも縫い目が低く、握った感覚は明らかに異なる。でも、マイナーリーグの３Ａのボールと日本のボールは、実によく似ているんだ。幸か不幸か、日本に来るまで、僕のキャリアは３Ａでのマイナー生活がメインだったので、「日本のボールって、３Ａのボールを握ったときの感覚と同じじゃん！」と思えた。人生、なにが幸いするかわからないよね（笑）。

カープ入団が決まったあと、「日本のボールの感触に慣れる手助けになれば」というメッセージとともに、カープ球団からアメリカの自宅に日本の公式球が１ダース送られてきたときは、「こんなことまで、してくれるのか！　なんて配慮の行き届いた球団なんだ!!」と驚いたよ。おかげで来日する前に、日本のボールを使ったキャッチボールや投球練習をみっちりと行うことができた。日本のボールへの適応をさらに、あと押ししてくれたんだ。

日本の球場のマウンドはアメリカに比べると、土が柔らかい球場が多く、その場合、足が着地する場所に大きな穴ができてしまう。この点に関しては、少しばかり頭を悩ませた。自分はそれほど、歩幅が広いタイプではないし、ほかのピッチャーが作った穴の少し手前で着地してしまう。事前に、「日本のマウンドは柔らかく、穴ができてしまうほどに掘れる」という情報は聞いてはいたんだけど、掘れ方が想像以上だった。

「粘土成分が強いアメリカの固めのマウンドだと、ここまでは掘れないものなぁ……。これは、早急に慣れていかないと……」

キャンプのブルペンで土を掘ったり、ならしたりしながら試行錯誤を重ねたけれど、最終的には「慣れるしかない」という境地に達し、オープン戦に入るころには気にならなくなっていた。

「人間は慣れることができる生き物。その気になれば、なんだって適応できるんだ！」

日米のグラウンドの違いを通じ、いつしかそんな自信が身についていたよ。

チップ不要で満点のサービスが受けられる？

これは日常生活に関する話だけれど、アメリカではサービスに応じてチップを個人に払うシステム。でも、日本では、チップは不要。システムの違いを知ったときはびっくりしたなぁ。

初めて日本のタクシーに乗った日のことは、今でも忘れられない。僕は大きなスーツケースを持っていた。すると、運転手がわざわざ車内から降りてきて、僕の荷物をすべてトランクに入れようとしたんだ。これはアメリカでは、まずありえないサービス。僕は思わず、「重たいから、いいよ！　自分でやるから‼」と言ったんだけれど、運転手は、「いえいえ、私がやりますので」と、笑顔でトランクに入れてしまった。「せめて、チップを渡さなければ」と思い、自分の財布《さいふ》をあけようとしたんだけれど、「いりません。大丈夫です」の一点張り。絶対に受け取ってくれない。「日本はチップが不要なのに、チップを払うに値するサービスがごく当たり前に受けられる国なのか……?」

ポカンとしながら、タクシーに乗り込んだよ。

日本の治安の良さにも驚いた。とにかく安全。きっと世界一、セーフティーな国なんじゃないかと思う。

日本ではほとんどのトイレに温水洗浄便座《せんじょうべんざ》がついていることも、最初は驚いた。アメリカではまだ、日本のようには広く普及していないんだ。

「なんてクリーンなんだ！　この便座の良さを知ってしまったら、もう、あと戻りできないじゃないか！　もう、この便座なしでは、俺は生きていけないぞ!!」

温水洗浄便座のない人生なんてもはや考えられないので、アメリカの自宅にも取りつけた。

トイレと言えば、日本に来て、和式便所を初めて見たときもびっくりしたなぁ。「これは、どうやって使うの？　どっち向きに座るんだ?」と。ずっと使用は避けているんだけれど、和式しか選択肢《せんたくし》がない場面がそのうちやってくるかと思うと、ドキドキだ。日本生活6年目を迎えた僕に残された、最大の課題かもしれないね（苦笑）。

COLUMN

私が見た「クリス・ジョンソン」の素顔

AREN KURI

九里亜蓮 投手

「おむつ替えも熟練の手さばき。家族で行くから、家に呼んで（笑）」

「本当にすごいピッチャーだなぁ……」。ＫＪの投げる試合を見ていて、いつもそう思います。右バッターのインコースに食い込む、カットボール、スライダー、カーブを自在に操《あやつ》れる投手はそうはいない。軌道が途中まで真《ま》っ直《す》ぐと同じですし、球種によってフォームが変わることが絶対にない点も素晴らしい。カープでの5シーズンで、通算57勝をマークしているわけですからね。本当にすごいピッチャーですよ。

僕は彼のことをいつだってＫＪと呼んでいますが、ＫＪの僕に対する呼び方はそのときの気分次第で、コロコロと変わります。「アレン」と呼ばれるときもあれば、「クリー」と呼ばれるときや、少し伸ばして、「クーリー」になったりも。いろいろですね。ときどき、なぜか「クリハラー」と呼んでくるときもあって、そのときは「違うわ！　誰がクリハラやねん!!」と言い返しています（笑）。以前、カープに栗原健太さん（元広島、東北楽天ゴールデンイーグルス、現中日ドラゴンズ打撃コーチ）っておられたじゃないですか。たぶん、それがクリハラ呼びの背景にあるのかなと思ったりしますが、いまだによくわかりません（笑）。

僕は父がアメリカ人ということもあって、相手が英語で話している意味は理解できるんです。でも、話すほうはへたくそで。少しでも英語のしゃべりが流暢《りゅうちょう》になればと思って、ＫＪが日本にやってきたときから、身振り手振りをまじえながら、積極的に話しかけにいっていました。ＫＪも面倒くさがらず、温かく対応してくれたおかげで、仲良くなることができましたね。いつも、よくしてもらっています。

ＫＪがカープにやってきた時期は、僕自身、野球面で非常に迷いが多かったころでもありました。ピッチングにおける考え方や技術面に関する意識など、いろんな相談や質問を、ＫＪにはぶつけてきました。２年前の２０１８年に、「バッターと勝負する際に、あれこれ考えすぎるな。すべきことは、フォーカス（集中）だけ。フォーカスさえできていれば、もう十分。そうすれば、普段どおりの力が自然に出せるはずだ」というアドバイスをいただいたのですが、ものすごくためになりました。ものごとをシンプルに考えることの大切さを、ＫＪからは学んでいます。

フォーム面では、17年に、ＫＪのアドバイスを参考にして、ステップ幅を一足半分ほど狭くしました。このフォーム改良によって、ボールに高低の角度がしっかりとつくようになり、成績の向上につなげることができました。

ＫＪのプライベートについても、お話ししましょうか。家族との時間をとても大事にしているので、一緒に食事に行くことはそんなにありませんが、19年、KJの家族と僕の家族で、一緒に東京ディズニーランドに遊びに行ったことがありました。同じ18年生まれの僕の息子とKJの娘・パイパーちゃんが、仲良く遊んでいるのを見ているだけで面白かったです。

KJの奥さん・カーリーもすごく優しくて、いい人なんですよね。僕の妻はまったく英語を話せないんですけど、カーリーがすごく気を遣《つか》ってくれて。スマートフォンの翻訳《ほんやく》アプリを使いながら、一生懸命《いっしょうけんめい》コミュニケーションをとってくれたんです。妻も感激していました。

一緒に行ったディズニーランドで強く印象に残っているのは、KJが娘さんのおむつをあまりにも自然に手際《てぎわ》良く交換していたことです。僕も息子のおむつを換《か》えることはありますが、KJの手さばきには到底かなわない。外国人は子育てに非常に協力的なイメージがあるので、「ここでおむつを取り換えるのは、KJなのかな?」とは思いましたが、まさかあそこまで手際良く換えちゃうとは……。間違いなく、普段からやっている熟練の手さばき。妻も、「KJさんのあの手際の良さ、すごかったね!」と驚いていました。

KJへの不満なんて、とくにありません。でも、強《し》いて言うなら、1つだけ。家族同士でディズニーランドに一緒に行った仲なのに、今まで一度も家に呼んでくれたことがないんですよ。1回くらい呼んでほしいんですけどねぇ……。なんで、誘ってくれないんだろう……。なので、「最後に、KJへのメッセージを」と言われれば、「早く家に呼んでください! 九里ファミリー全員で押しかけますから! お誘い、お待ちしています!!」。それだけです(笑)。

Young KJ's PHOTO ALBUM

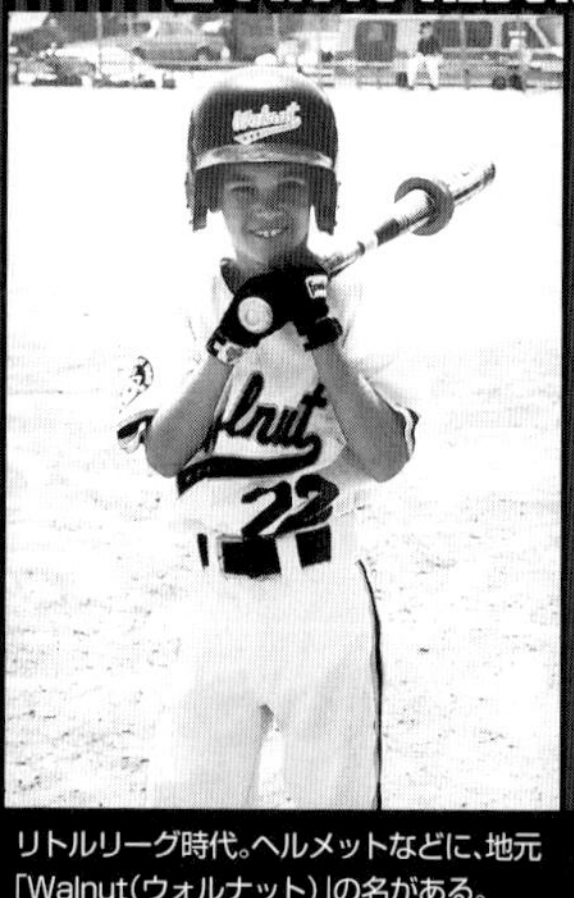

リトルリーグ時代。ヘルメットなどに、地元「Walnut(ウォルナット)」の名がある。

第3章 愛すべき個性的な仲間たち

相棒・石原慶幸は、場の空気をコントロールする達人

この章では、カープの素晴らしきチームメイトについて、語っていこうと思う。

まずは、イシ（石原慶幸）からいこうかな。イシは僕が２０１５年に日本に来て以来、19年シーズンまで、ほぼすべての登板でキャッチャーを務めてくれている。まさに、相棒。彼と長い期間、コンビを組めている事実は、光栄以外のなにものでもないよ。

コンビを組んだ試合で、より良い結果を出すために、

「あの場面は、こう攻めたほうが良かったかもしれないな」

「よし、じゃあ次は、こう攻めてみよう！」

といった話し合いは、グラウンドの内外問わず、しょっちゅうしているよ。お互いに思ったことをなんでも言い合える、ものすごくグッドな関係を築けていると思っている。20年シーズンでプロ19年目を迎えたイシは経験値が高く、対戦相手のことを熟知しているうえ、リーダーシップも抜群。ホームベースの後方にイシが座っ

ているだけで、安心できるんだ。彼は、「バッテリーを組みたい！」「自分のボールを受けてほしい！」と思わせてくれるキャッチャー。悪いところなんか、浮かばない。

僕はマウンド上で、戦う感情をストレートに表に出すようにしているんだけれど、ときにその感情が審判の判定に向かってしまうときがある。そんなときでも、イシは、マウンドにさっと笑顔でやってきて、僕の心を巧《たく》みにほぐしてしまう。

「まぁまぁまぁ。感情をそんなに表に出すなって」

「カリカリするな。落ち着けって」

こんな感じのことを英語と日本語のミックスで言いながら、再び、ホームベース後方へ戻っていく。きっと審判にも、「すんませんなぁ、本当に。今のはボールですわ。ジョンソンにはピシャッと言うときましたんで」なんて言ってくれているんだと思う。その場の空気をいい方向にコントロールする達人なんだ、イシは。いろいろと気を遣《つか》わせてしまっていることには、「すまない、イシ」とは思っているよ。きっと、僕のカリカリするクセを直してほしいと思っているんだろうなぁ。

彼は僕の5歳年上のチーム年長組。普段はイシと呼んでいるけれど、わざと「ジジイ」と呼ぶときもある。

「ヘイ、ジジイ！」

「ジジイちゃうわ！」

「いやいや、どう見てもジジイっすよ、センパイ」

「なんやとー」

そんなやりとりができるジジイ……いや、イシとの関係が心地いいんだ。

九里亜蓮《くりあれん》とは、家族ぐるみの付き合い

クリ（九里亜蓮《くりあれん》）とは、グラウンド内外ですごく仲良くさせてもらっているよ。キャンプ中も定期的に、2人でショッピングモールに買い物に行くんだ。お互いにビデオゲームが大好き。球場のロッカーや遠征先の部屋で、しょっちゅう一緒に遊んでいる。

お互いの奥さん同士も、非常に仲が良くてね。家族ぐるみで仲良くさせてもらっているよ。19年、オフの日に家族同士で一緒にディズニーランドに行ったことがあ

ったんだけれど、クリの息子さんとうちの娘も、仲が良くてね。一緒に遊んでいるのを見るのが楽しくて仕方がなかった。娘より数か月お兄さんなんだけれど、すごく面倒見が良くて頼もしい。娘も、クリの息子が大好きなんだ。

ピッチャーとしてのクリはここ数年、着実な成長を遂《と》げている。彼のフォークボールは、相手打者から見れば、ものすごく厄介《やっかい》。「どうやって、あのフォークを投げているんだ!?」と何度も聞いたことがあるんだけれど、全然、彼のようには変化してくれない。クリのフォークをマネるのは、もうすっかりあきらめたよ。

クリは、もともとは日本人ピッチャーに多く見られる、ステップ幅の広い、重心の低いフォームだったけれど、数年前から歩幅を狭め、重心を高く保つフォームに変更した。以前に比べ、リリース位置が高くなったことで、ボールの軌道に高低の角度がつくようになったのが成績向上の大きな要因だと見ている。伸びしろは、まだたっぷりある。これからもさらなるレベルアップに期待したいね。

ダイチ（大瀬良大地《おおせらだいち》）は、素直でかわいい、大きな子どもさ。大好きだよ。彼は僕に対して、いつも貪欲《どんよく》に質問をぶつけてくるんだ。

「あのバッターは、どう攻めればいいと思う？」

「あの変化球は、どういうイメージで投げているの？」

「フォームで意識していることは？」

メカニクス、考え方など、広義にわたってピッチングに関することを真っ直《ま》ぐ《す》な目で聞いてくる。研究熱心で向上心の強いヤングマンだよ。生真面目《きまじめ》で考えすぎるところがある彼には、「HAVE《ハブ》 FUN《ファン》！（楽しもう、楽しんで！）とにかく野球を楽しめ！　楽しむことが大事だ」と、ことあるごとに言い続けている。

僕がカープにやってきた15年シーズンは非常に苦しんでいたけれど、そこから年々、成長を遂《と》げてきた。近年は力強さも加わってきたし、今後も年齢を重ねるとともにまだまだ進化していけるはず。近い将来、必ずや日本を代表するピッチャーの1人になれると思っているよ。

ユウスケ（野村祐輔）とも、非常に仲良くさせてもらっている。彼も現状に満足しない、貪欲なプレーヤー。ピッチングに関する質問をどんどんぶつけてくるよ。

2年前からユウスケとはシーズンの打撃成績を競《きそ》っていてね。打点、ヒット数などを項目別に数値化し、総合ポイントが高いほうが勝者。負けたほうが夕食をごちそうする約束を交《か》わしているんだ。過去2シーズンは、僕の勝利。20年は、アメリカン・レストランの「トニー・ローマ」で、たらふく食べさせてもらった。ダイチや通訳の方々も同じレストランにいたんだけれど、なぜか会計はユウスケが全員分払う流れになってね。「なんで俺《おれ》が全部……？」とボヤいてた(笑)。20年シーズンもユウスケに勝ち、3連覇を達成して、またごちそうしてもらいたいな。

鈴木誠也はカープのジャイアントキッド

セイヤ（鈴木誠也）はカープでいちばん大きな子どもさ。まさに、ジャイアントキッドだね(笑)。ジョークが大好きで、人なつっこくて。セイヤがいるだけで、その場を和《なご》ませてしまう。みんなに愛されているナイスガイさ。そして、ひとたびグラウンドに立つと、すさまじく頼もしい存在となる。今やリーグを代表するスラッガー。成長過程を間近で見てきただけに、感慨深《かんがいぶか》いよ。

内野のリーダー・コウスケ（田中広輔）は、来日して初めてプレーを見たときから「いい選手だなぁ！　素晴らしいショートになっていくんだろうなぁ！」と唸《うな》ったプレーヤー。ものごとの本質をよくわかっているし、知識が豊富。野球を実によく知っている。19年シーズンは少し苦しんだけれど、長く野球をやっていたら、そんなシーズンだってある。今シーズンは彼らしいプレーが見られると思うな。

みんなに愛されているカープの長距離砲・マッチャン（松山竜平）は選手たちの手本になっている年長プレーヤーの1人。いつも笑っていて、彼がそこにいるだけで場が明るくなる素晴らしきムードメーカーでもある。19年は、コウスケ同様、タフな（厳しい）シーズンになってしまったけれど、20年はやってくれると思っている。

キクチ（菊池涼介）の守備のすごさは、今さら僕が語るまでもないよね。まさに「ニンジャ」。今までにいったいどれほど助けられたことか。あの守備は間違いなく、メジャーでも通用するよ。

小園海斗《こぞのかいと》は豊かな才能を持つ若者。持っているセンスをフルに使いこなせるようになった暁《あかつき》には、とんでもなく素晴らしいプレーヤーになると思う。そして、その時期は案外早い時期にやってきそうな気がする。間違いなくカープの未来を託《たく》せる選手。真っ直ぐに、すくすくと育ってほしいな。

まわりに伝染する、新井貴浩さんのハッピーな笑顔

元チームメイトについても語っていこうかな。

計4シーズン、ともにプレーした新井貴浩さんは、まさに野球小僧。プレーを見ているだけで、彼が野球を愛し、グラウンドでプレーすることを幸福に感じていることが伝わってきた。誰かにめでたいことがあると、真っ先に祝福に現れるのは、いつだって彼。サヨナラホームランが飛び出したときなんかは、自分が打ったかのように飛び跳《は》ねながら、一目散《いちもくさん》にベンチからホームベース付近へダッシュ！　彼はいつも冗談ばかり言い、楽しそうにしている。彼が笑うと、まわりも笑顔になる。新井さんのハッピーな笑顔は、まわりに伝染するんだ。

黒田博樹さんは、文句なしのチームリーダーだった。まさにアメージングガイ（素

晴らしい男)。大げさでもなんでもなく、今までの人生で出会った中で最もナイスな人間だと思っている。若い選手たちのことも常に気にかけ、プロとして備えるべき心がけや考え方などを伝えていた。

「自分も年長者として、黒田さんのような役割を担《にな》える存在になっていかなければいけないいな。外国人だからと、遠慮していちゃダメだよな」

気がつけば、そう思うようになっていた。黒田さんはたくさんの好影響を与えてくれた。メジャーリーグでの活躍は知っていたし、すごいピッチャーだなと思っていたけれど、すごさが想像以上だった。2年間、同じチームでプレーできたことは誇りだよ。

いつもスマイルを絶やさないケンタ(前田健太)は、チーム一、練習熱心なピッチャーだった。あのスマイルの裏で、誰よりもハードに自分を追い込んでいたよ。ケンタの登板日に雨が降ることが多いので、彼は「雨男」と称されていてね。16年、ケンタがメジャーに移籍する際、「登板日に雨が降らないように」という願いを込め、彼自身がデザインした「ノーレインTシャツ」をもらったんだけれど、すると、今度は僕の登板日に雨がよく降るようになった。「まるで、僕が雨男を継承したみたいじゃないか！　どうしてくれるんだ、ケンタ‼」とクレームを入れたいよ（笑）。

彼がメジャーに移籍してすぐに、「カットボールを習得したい。こっちに来てみて、カッターを覚える必要性を感じているんだ。投げ方を教えてくれないか？」と連絡が入った。カッターは自分の得意球種だし、喜んで教えてあげたかったけれど、ケンタは遠く離れた海の向こう。どうにかして伝えたいと思って、通訳の方に協力してもらい、ＳＮＳツールを介して、投げるイメージをケンタに届けたことがあった。

無事にケンタの球種リストに加わり、カッターを投げている彼の姿を見ると、ホッとすると同時に、うれしくなる。メジャーの打者をカッターで牛耳《ぎゅうじ》った瞬間は、テレビの前で思わず、「よっしゃ！」とガッツポーズを作ってしまうよ。

ニックネームは「KJ《ケイジェイ》」

来日以来、コンディショニング、トレーニング面でサポートしていただいている三浦真治《しんじ》アスレチック・トレーナー（トレーナー部コンディショニング担当）のことも紹介しておきたい。彼はアメリカのフロリダ大学出身で、もちろん英語も堪能《たんのう》。12年にカープに加入し、20年シーズンで9年目。カープ在籍歴は、僕よりも長い。フロリダ大学のマスコットがアリゲーター（ワニ）という理由で、外国人選手からは、「ゲーター」というニックネームで呼ばれている。

ゲーターは年齢、体の強度、疲労度などをふまえ、各選手にとってそのときのベストと思われるメニューを個別に作成してくれる。僕が来日したときも、カープ入団以前にアメリカでやってきた調整法、トレーニング法を細かく確認し、それまでのやり方を尊重したうえでメニューを作ってくれた。けっして押しつけない。信用できるトレーナーだと確信したよ。以来、意見を交《か》わしながら、最高のパフォーマンスを発揮するための方法を、一緒に日々、模索している。

カープに来たとき、僕は今よりも全然細くて、体重が90キロくらいしかなかった。体重を増やしたいという思いを栄養学にも詳しいゲーターに相談し、彼が立ててくれた増量メニューに沿《そ》って取り組んだところ、体脂肪を増やすことなく、体重を増やすことができた。「20年シーズンのキャンプは99キロで迎えて、そこから少しだけ絞《しぼ》ってシーズンに入ろう」と言われていたんだけれど、キャンプ初日に計ったら、ぴったり99キロ。ゲーターに、「OK!」と合格点をもらったよ。

僕も20年シーズンで36歳。年齢に合ったトレーニングを模索しながら、彼とさらなる高みを目指していきたいと思っているんだ。

カープ入団以来、通訳としてサポートしてくれている、「キミ」こと西村公良《きみよし》通訳と、「ヒロ」こと松長洋文《まつながひろふみ》通訳の存在は、日本での生活を語るうえで、けっして欠かせない。母国の言葉が思うように通じない異国の地で、なんでも言い合える、心を許せる存在が常にそばにいてくれるのは、本当に心強い。困ったことがあったときも、難なく解決してくれる。19年、遠征先の東京を家族で移動していた際、娘が飲むためのフレッシュミルクを急遽《きゅうきょ》作る必要に迫られ、大至急、ドライアイスが必要になったことがあった。「どうしよう!? こんな東京の街のど真ん中で、ドライアイスなんてどこで手に入るんだ?」と焦《あせ》った僕は、キミに電話を入れた。すると、ほんの数分で、「手配した」と彼から連絡が来たんだ。もう、驚いてしまってね。

「え!? もう見つけてくれたの……?」

「うん。話はついているから、ここへ行って」

おかげで、僕らは難なくドライアイスを手に入れることができた。

「キミって、スーパーマンなの？」

妻と顔を見合わせ、そう言い合ったよ。

実はカープ入団を決めた際、僕は通訳という存在が自分につくことを知らなかった。若いころにスペイン語圏のドミニカ共和国のウインターリーグに参加した際に通訳という存在がいなかったので、カープでも期待すらしていなかったんだけれど、今では、日本での生活にキミやヒロがいなかったらと思うと、ゾッとするよ。

日本で貴重な経験を積むことができているのは、間違いなく彼らのおかげ。心から感謝している。いつの日か日本を去る日は来るだろうけれど、彼らとの関係は一生切れないと思う。生涯の友人だと、僕は思っているよ。

「チーム内で、僕がなんて呼ばれているか？」ということについても、触れておこう。カープファンの人たちも知っていると思うけれど、僕のファーストネームの「Ｋｒｉｓ《クリス》」とラストネームの「Ｊｏｈｎｓｏｎ《ジョンソン》」の頭文字をとった「ＫＪ《ケイジェイ》」と呼ぶ人がほとんどかな。来日1年目のある僕の登板試合のときに、新井貴浩さんがお立ち台で「今日はKJが頑張《がんば》っていたので」と話してくれたおかげで、ファンにも浸透したみたいだね。うれしいことだよ！

気さくにニックネームで呼んでくれるカープの人たちは、みんな驚くほど親切。

「KJ！　奥さん、娘さんは元気にしてる？」

「なにか困ったことはない？」

僕だけでなく、僕の家族のことも含め、常に気にかけてくれる。

野手の面々とは練習のスケジュールも異なるし、長く一緒にすごす時間はあまりとれないけど、いつだって、

「へーイ！　元気か、KJ！」

「娘さん、大きくなった？」

「今度、子どもの写真見せ合おうよ！」

などと、マメに言葉をかけてくれる。いいやつらばかりさ。かけがえのない、素晴らしい仲間たちだよ。

COLUMN

私が見た「クリス・ジョンソン」の素顔

石原慶幸 捕手

YOSHIYUKI ISHIHARA

「カタコトでも十分理解し合える。最近は年寄り扱いがひどい（笑）」

「オーソドックスなきれいなピッチングフォームで投げるなぁ。メカニクスが素晴らしい！」

2015年春の宮崎キャンプで初めてＫＪのボールを受けたとき、そう思ったことをよく覚えています。事前の情報では「コントロールはあまり良くない」と聞いていたんですけど、そんなことも全然なくて。「いい外国人サウスポーが来てくれたぞ！　活躍してくれそう‼」。そんな確信にも似た予感に襲われました。

気づけば、ＫＪも20年シーズンで6年目。彼が登板した試合では、僕がほぼマスクをかぶってきたんですよね。ＫＪは僕のことを相棒と呼んでくれているらしいですが、本当にうれしいですね。キャッチャー冥利《みょうり》に尽きます。

そんな彼とコンビを組んだ試合でいちばん印象に残っているのは、来日1年目の15年シーズン開幕第2戦。ＫＪのＮＰＢ公式戦初登板です。春のオープン戦でも調子が良かったのですが、さらにもう1段ギアを上げた感じの素晴らしい投球で、東京ヤクルト打線を完封。ヒットは山田哲人に打たれた1本のみで、あわやノーヒットノーランという最高の滑り出しでした。「異国の地で、俺《おれ》はやっていける！」。そんな自信を得ることができた試合だったと思います。

来日1、2年目は、真《ま》っ直《す》ぐ、カットボール、カーブ中心の配球でした。そして、攻めるのは、インコース中心。対戦相手が慣れてくるにしたがい、チェンジアップ、ツーシーム、大きめのスライダーの比率を高め、アウトコースを攻める割合も増やしてきました。ＫＪの体もシーズンによって変わってきますし、前年と同じことをやっていてはやられてしまうのが、プロの世界。「安定した結果を出し続けるためにも、変化を恐れない姿勢を貫こう」を合言葉に、2人で意見を出し合いながら、今日までやってきました。

ＫＪは中4日も苦にしませんし、登板間隔が短いからといって、フォームが崩《くず》れるようなレベルの投手ではない。休養をしっかりとれば、休んだだけのすごいボールを投げ込んできますが、いかなる状況でもしっかりとゲームを作ることができる。ＫＪのような登板間隔に融通《ゆうづう》の利《き》く、安定感のあるピッチャーが先発陣にいると、シーズンは戦いやすくなるので、実に頼もしい存在ですよ。

マウンド上では、僕がカタコトの英語、ＫＪがカタコトの日本語でコミュニケーションをとることが多いですね。同じ野球人。基本的には、それで十分理解し合えます。大事な場面で、僕が伝えきれていないと感じたときなどは通訳にマウンドまで来てもらいますが、お互いの気持ちは常に理解し合えていると、僕は思っています。

彼に直してほしいところは……。やはり、ストライク、ボールの判定に関して、マウンド上ですぐにカリカリきちゃうところですかね(笑)。球審とKJのあいだに挟《はさ》まっているのが、僕なので……。KJに対しては、「気持ちはわかるけど、審判も人間なんだからさ。一生懸命《いっしょうけんめい》、やっているんだから」なんて言いながら、なだめないといけないし、球審の方にも、「すみません……。ボールでしたよね、今のは」なんて言いながら、印象を悪くしないように気を配らなくっちゃいけないし。まぁ、それが僕の仕事と言われれば、そうなんですけど……(笑)。

なので、ほかのピッチャーよりは、ワンテンポ、ツーテンポ早めのタイミングでマウンドに行って、間《ま》をとることを意識しています。

ただ、そこまで気を遣《つか》ってきているのに、KJの僕への気安さは、高まってきている感じもするんですよね。KJからはずっと「イシ」と呼ばれてきたのですが、最近では、「ジジイ」や「オールドマン」と呼んできたりしています。年寄り扱いがひどいんですよ(苦笑)。彼もカープの投手陣の中では、最年長なのに!

そうやって、KJとはいろいろと深く付き合ってきましたが、彼の野球人生について改めて考えてみると、まだまだこれからだと期待させてくれます。投手として伸びしろがもっとあると思っていますし、今後もカープを引っ張って行ってもらわないといけない存在。バッテリーとしての成熟度を高めながら、ともにもっともっと成長していけたらと思っています。

42

42

Carp

70
会
42

Carp

Carp
42

Carp

Carp
42

Carp

Carp
42

Carp
42

Carp
42

Carp

Carp
Carp
Carp

Carp

Carp
Carp
27

Carp
Hiroshima

Carp
42

Carp
42

Carp
Carp

Carp

Carp
14

Carp

42

Carp

Carp
Carp
42

Carp
42

Carp
Carp

Carp
Carp
42

広 島 東 洋
Carp
42

Carp

Carp

Carp
62

42

Carp
Carp

Carp
42

you me
RYOBI
Coca-Cola
Carp
mazda
Asahi
EDION
7 ELEVEN
Carp
42
Carp
31

Carp
42

Carp

Carp
JOHNSON
42

Carp
42

Carp

Carp

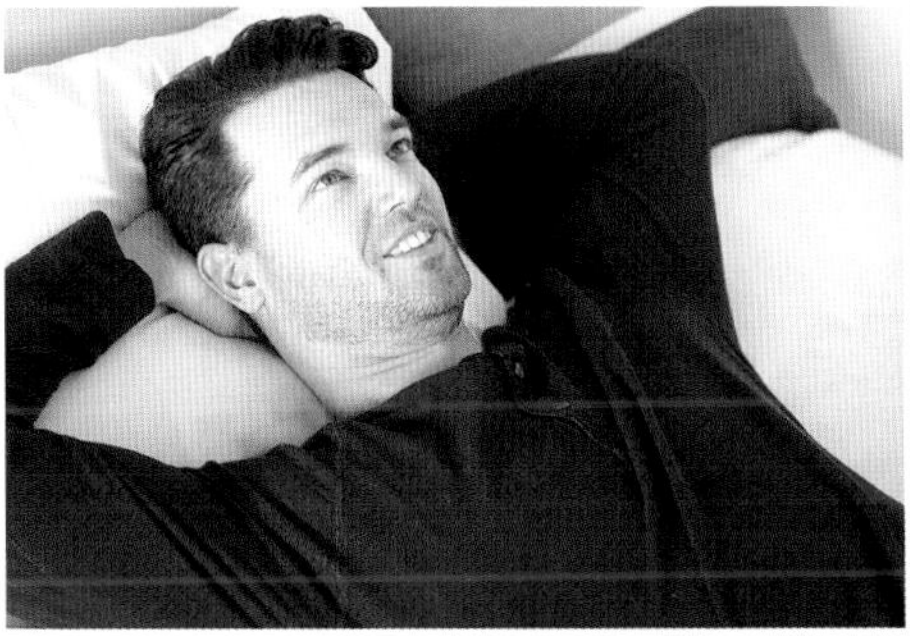

Carp

42

Carp

Carp

JOHNSON
42

Carp

第4章

クリス少年の夢が叶《かな》うまで

野球大好き少年クリス

ここからは、僕の生い立ちや、プロ野球選手になる夢を叶《かな》えてからカープに来るまでの道のりをお話しすることにしよう。１９８４年10月14日、アメリカ合衆国の西海岸に位置するカリフォルニア州で、僕は、生《せい》を受けた。

ジョンソン家の家族構成は、父と母、３歳年下の弟、そして僕の４人家族。同じカリフォルニア州に住んでいた父方の祖母は、日本人。そう、僕はクォーターなんだ。

両親は僕の学業やスポーツをいつだって全力でサポートし、成長過程における回り道や失敗を温かい目で見守ってくれた。もちろん、必要なときには、きちんと厳しく叱《しか》ってくれる。優しさと愛情に包まれ、僕は育った。

家の外で遊ぶのが大好きな子どもだったけれど、テレビアニメもよく見ていた。とくに、当時アメリカで放映されていた『ドラゴンボール』シリーズが大好きだった。学校の成績も良かったよ。数学、理科が得意科目だった。

高校で野球をやっていた父は、大の野球好き。僕が生まれたころは、地域のソフトボールチームでプレーしていたんだけれど、まだ赤ちゃんだった僕をいつもグラウンドに連れていき、ベビーカーごとダッグアウトの中に持ち込み、野球に興味を持たせようとしていた。その甲斐《かい》あってか、気づけば僕は野球が大好きになっていた。父によると、2歳のときに父のソフトボール仲間に対して、「バントはこうやるんだ！」と得意気に教えていたらしい。それほどに僕は小さなころから野球の魅力にどっぷりとハマっていた。

「自分も早くチームに入って、プレーしたい！」と、いつも思っていた。地元の野球チームに所属可能な年齢である4歳に達したとき、僕は迷わず入団した。

アメリカではホームベース上に置かれたスタンドティーの上に乗った、止まったボールを打つ「ティーボール」が野球の入り口になることが多いんだけれど、僕の野球の入り口は、味方のコーチが下手《したて》投げでトスした緩《ゆる》い球を打つ「コーチピッチ」と呼ばれる方式の野球だった。自分の要求したところにコーチが打ちやすい球を投げてくれるので、ヒットもたくさん生まれるし、試合もどんどん動く。今、思い返しても、楽しかった記憶しかよみがえってこない。

小学生になると、コーチピッチではなく、子どもがピッチャーを務める方式の野球に移行。僕も7歳のときに、ピッチャーデビューを果たした。

肩は同学年の中で強いほうではあったけど、とくに驚くようなスピードボールを投げていたわけではなかった。コントロールも特別良かったわけじゃない。

でも、7歳当時の野球を振り返ると、四球で自滅するような投球をしたことはなかった。というのも、小学生低学年のあいだは四球というルールが存在しないシステムの野球だったんだ。ピッチャーがボールを4つ与えると、打者側のチームのコーチがベンチから出てきて、マウンドのはるか手前でひざまずき、下から緩く打ちやすい球を投げる「コーチピッチ」のシステムに突如《とつじょ》変わる。打者が打つチャンスは3回。コーチが3球投げるあいだにフェアグラウンド内に打球が飛ばなければ、打者はアウト。コーチは再びベンチに戻っていく。今思えば変わったルールの野球だったけれど、僕は大好きだった。やっぱり子どもって、四球で塁に出るより、打ちたいじゃない？　少年たちの「打ちたい！」という気持ちを大切にしながら、小学校低学年の子どもたちの肩ヒジを四球連発による投球過多から守り、試合のスピードアップも図《はか》る。年齢にマッチした、いいシステムの野球だったと思う。

メジャーリーグの試合を見るのも大好きだった。テレビで放映されている試合は暇《ひま》さえあれば、見ていた。球場にも、家族でよく見に行ったよ。カリフォルニアに住んでいたころは、アナハイムスタジアムにエンジェルスの試合を見に行くことが多かったね。11歳のときにアメリカ中西部のミズーリ州カンザスシティ市に引っ越したんだけれど、カンザスシティ・ロイヤルズの本拠地であるコーフマン・スタジアムが近かったので、ロイヤルズの試合もよく見に行った。

子どものころに好きだった選手は、バリー・ボンズ（元サンフランシスコ・ジャイアンツなど）、ケン・グリフィー・ジュニア（元シアトル・マリナーズなど）、ランディ・ジョンソン（同）の3人。バリー、グリフィーのホームランには興奮したし、ランディのハードな剛速球で三振の山を築くピッチングにも魅《み》せられた。

彼らは自分にとってのヒーローだった。僕が10歳のときにメジャーにやってきたヒデオ・ノモ（野茂英雄／元近鉄バファローズ、ロサンジェルス・ドジャースなど）

の豪快なインパクト大のピッチングもよく覚えている。体を大きくひねるトルネード投法を、友だちらとよくマネしたよ。

小、中学時代は、野球以外にも、サッカー、バスケットボール、フットボール（アメリカンフットボール）、ストリートホッケーをやっていた。どのスポーツも楽しかったけれど、いちばん好きなスポーツは、いつだってベースボールだった。夢はプロ野球選手になること。それ以外は考えられなかった。

叶えた「プロ野球選手」の夢

日本の中学校にあたるジュニアハイスクール（6〜8年生）時代は、同学年の中でも体が小柄で華奢《きゃしゃ》な部類だった。ピッチャーはやっていたけれど、チームのメインピッチャーではなかったし、どこにでもいるようなピッチャーの1人だった。

ピッチャーとして頭角を現すことができたのは、地元・ミズーリ州に位置する高校「ブルースプリングス・ハイスクール」に進学してから。体の成長に比例するように球が速くなり、高校3年生（11年生）のときには、最速90マイル（約145キロ）のファストボールが投げられるようになっていた。そのころ、人生初のノーヒットノーランも記録したんだ。この試合を機に、僕が登板する日にネット裏に足を運ぶ、プロや大学のスカウトの数は増えていき、僕自身の知名度、評価は上がっていった。高校時代は、通算5度のノーヒッターを記録。高校を卒業する年のドラフトでは、アナハイム・エンジェルス（当時。現ロサンジェルス・エンジェルス）から50巡目（全体の1475位）で指名を受けた。当時、指名された事実はうれしかったけれど、僕は大学進学の道を選択した。自分はまだまだ未熟だと感じていたからだ。そこで、ピッチャー指導に定評のあったウィチタ州立大学に進み、ピッチャーとしてレベルアップを遂《と》げ、4年後のプロ入りを目指そうと思った。

大学では、1年目から7勝0敗の好成績を記録。1年生で唯一《ゆいいつ》、オールアメリカの代表メンバーに選出された。

大学で指導してくれたブレント・ケミニッツ投手コーチとの出会いは、大きな転機となった。「1球1球に意図、根拠を込めろ。投げる球すべてにプランを込めるんだ」というアドバイスは自分の投球レベルを大きく引き上げてくれた。思えば、高校時代の自分は、とくにプランを持たず、ただ力任せに投げているだけだった。「過去は変えられない。だから、引きずるな。といって、先のことを考えすぎるのも良くない。考えるべきは、『ナウ（今、現在）』。目の前のことに全力で集中することだけを考えろ」という教えは、今も大切にしている。単純なアドバイスかもしれないけれど、自分を大きく変えてくれた有益な考え方だった。大学では、技術的なことよりも、結果を出すための思考法をたくさん学ぶことができた。カープの若い選手たちにも思考法のアドバイスを授けることがあるが、実はその大半は大学時代に教わったことなんだ。

大学時代のストレートの最速は92マイル（約１４８キロ）。２００６年６月に開催されたドラフト会議で、僕はボストン・レッドソックスから1巡目指名（全体40位。特定の条件を満たしたチームが獲得できる権利「追補」による）を受けた。自分の名前がドラフト中継で呼ばれたときは、すごくうれしかった。父も、ものすごく喜んでくれた。小さなころからの夢が実現した瞬間だった。

どん底期に思い出した大切なこと

プロ入りした際に設定した目標は、もちろんメジャーへの昇格。マイナーリーグで2年目に9勝、3年目に8勝をマーク。4年目の09年に、メジャーまであと1階級となる3Aへの昇格を果たしたところまでは順調だったんだけれど、そこからの道のりが険《けわ》しかった。

09年のマイナーリーグでの成績は3勝16敗。ある試合で味方の守備のミスが絡《から》み、大量失点を喫《きっ》したことを機に、深みにはまっていってしまった。

「次こそ、結果を出さなきゃ」

「頑張《がんば》って、抑えなきゃ」

そんな思いとともにマウンドに上がるんだけれど、気負いすぎてしまい、まったくいい結果が生まれない。それが焦《あせ》りにつながり、「もっとハードに頑張らなきゃ」「もうこれ以上失敗できないぞ」と、どんどん自分を追い詰めてしまった。悪循環を断ち切れないまま、10年シーズンも6勝13敗と結果を残せず、翌11年はわずか2勝。シーズン途中で、契約終了を告《つ》げられた。リリースされた僕と契約してくれたのは、独立リーグのカンザスシティ・ティーボーンズ。「ついに、独立リーグにまで落ちぶれてしまったか……」と、ガッカリしてしまったよ。

でも、この独立リーグで、僕はいつしか忘れていた大切な気持ちを思い出すことができた。それは、野球を「楽しもう！（HAVE《ハブ》 FUN《ファン》！）」という気持ち。

マイナーリーグでもがき苦しんでいた約3シーズンのあいだ、僕は野球を楽しむという能力をすっかり失っていた。悪い状況を打破することばかりを考え、楽しむ気持ちをどこかへ置いてきてしまった。それまではいつだって野球を楽しむという気持ちを携《たずさ》え、プレーしていたのに。

独立リーグにいるのは、見るからに野球を楽しんでいるように映る選手ばかりだった。プレッシャーよりも、楽しむ気持ちが明らかに勝《まさ》っているのが伝わってきた。そんな彼らと一緒にプレーするうち、「楽しむ」という気持ちが体の奥底からよみがえってきた。大切なものを、再び取り戻すことができたんだ。

面白いもので、心が変わると、野球の成績も変わる。独立リーグで16試合に先発し、6勝3敗、防御率3・23の成績を残すと、翌12年、ピッツバーグ・パイレーツが契約を結んでくれた。そしてその年、マイナーで8勝をあげると、翌13年には、念願のメジャー初昇格を果たすことができた。独立リーグでのプレーを境に、僕の野球人生は好転した。一生懸命《いっしょうけんめい》に取り組んでいる大好きなものを、「楽しむ」。このことの大切さを、強く思い知らされたんだ。

異国の地からのオファー

ミネソタ・ツインズに移籍したプロ9年目の14年シーズンは、メジャーでの登板機会になかなか恵まれず、マイナーが主戦場になっていた。マイナーでは10勝をあげ、調子自体は良かった。出場選手登録の枠が26人から40人に拡大される9月にはメジャーに呼ばれることを期待していたんだけれど、声はかかることなく、14年シーズンは終わってしまった。

「自分はチームの戦力として期待されていない」

そんな現実を突きつけられた気がした。

「ツインズでの生活は、そろそろ潮時《しおどき》なのかな……」

そんなとき、エージェントから連絡があった。「環境を思いきって変え、海外のチームでプレーするのはどうだ？」という提案だった。

「日本から、いいオファーが来ている。過去に所属したことのあるプレーヤーの誰もが愛してきた球団からのオファーだ」

「なんていう名前のチーム？」

「広島東洋カープというチームだ」

正直、カープのことはまったく知らなかった。チーム名すら聞いたこともなかった。僕の日本球界のチームに関する知識は、「東京ジャイアンツ（読売ジャイアンツ＝巨人）というチームが、アメリカのニューヨーク・ヤンキースのような存在」という程度だった。エージェントは、話を続けた。

「外国人選手をすごく大切にするし、選手たちの家族に対するケアも素晴らしい。

カープ出身の選手はみんな口を揃《そろ》えて『カープは、素晴らしい球団。選手たちへの愛情がハンパじゃない。今でも大好きだ』と言う。悪くない話だと思う。どうだ?」

現在、僕の妻であるカーリーはこのとき、フィアンセ(婚約者)だった。僕たちは、翌15年に結婚式を挙げるプランを立てていた。

「このオファーを受け、日本でプレーすることは、彼女の人生を変えてしまう」

自分だけで決められる話ではなかった。彼女に連絡を入れ、オファーの件を伝えた。僕が前向きになっていることを知った彼女は、次のように言ってくれた。

「異国の地での経験は、私たちの人生の貴重な財産になってくれるはずよ。家族と離れるのは寂《さび》しくはあるけれど、長い人生というスパンで見たら、一瞬のこと。きっとこの話は、あなたの野球人生にとって大きなプラスになると思う。行きましょう、日本に。誘ってくれたカープに貢献できるよう、2人で力を合わせて、頑張っていきましょう」

うれしすぎる言葉だった。僕は彼女に感謝しながら、カープとの契約書にサインをした。

ブラッド・エルドレッドからもらった貴重なアドバイス

15年シーズンの所属チームが決まり、ホッとした気持ちが芽生《めば》えた一方で、異国の地でプレーすることに対する不安な気持ちが湧《わ》き上がってきた。日本は祖母の母国だけれど、僕自身は日本を訪《おとず》れた経験はなかった。日本球界に対する予備知識があまりにも不足していた。

そんな不安に駆られていたとき、契約関連でお世話になった弁護士がブラッド・エルドレッドの電話番号を教えてくれた。14年にセ・リーグの本塁打王を獲得したブラッドは、カープ打線に不可欠な存在だった。

「ブラッドにコンタクトをとってみたら、どうだ？　きっと、いろいろと教えてくれると思うよ」

教えられた電話番号にかけると、ブラッドは優しく応対してくれた。日本とアメリカの違いに始まり、たくさんの情報を教えてくれた。日本でプレーするうえでの助言もいただいた。

その中で、いちばん印象に残っているのは、「ホワイ？（なぜ？）と言うな」「常にオープンマインドでいろ！　すべてを受け入れる心を持つことが大切!!」というアドバイスだった。

「文化や慣習も異なる異国の地では、わからないことや戸惑《とまど》うことばかり。最初のうちは『なぜ？』と思うことばかりで、納得のいかないことも多いだろうけれど、『なぜ？』というフレーズは、口にしないことだ。『なぜ？』に対する答えをさがす前に、とりあえずトライしてみること。何事《なにごと》も、とりあえずやってみるんだ。小さなことにいちいちこだわらず、『そこにあるものがすべて』と思うことがなにより大切だ」

15年1月下旬、僕は、祖母の母国である日本の地に、生まれて初めて降り立った。

「いつの日か旅行で訪れることはあるかもと思っていたけれど、まさか野球をしに日本に来るとは……。人生ってやつは、本当にわからないもんだなぁ」

広島に到着すると、ブラッドが「今夜はお前の歓迎会をするぞ」と言って、夕食に誘ってくれた。カープの西村公良通訳、松長洋文通訳も合流し、4人で焼肉屋さんに入った。

初めて食べた韓国風焼肉の美味《おい》しさに触れた感動は、今でも忘れられない。

「ブラッドにもらったアドバイスを常に肝《きも》に銘《めい》じよう。チャンスを与えてくれたカープの期待にこたえられるよう、頑張るぞ！」

そう誓い、僕はカープのキャンプ地である宮崎県日南市に向かった。

気づけば、20年シーズンで、来日6年目。キャンプで宮崎を訪れるたびに、期待と不安が交錯していた、1年目の春を思い出すんだ。だから、僕もブラッドがしてくれたように、カープに来る外国人選手たちの力になれたらと思っている。20年は、日本初の南アフリカ出身プレーヤーであるテイラー・スコット、そして、「2人目のジョンソン」となったDJジョンソンが、新たな仲間として加わった。ほかにピッチャーは3年目のヘロニモ・フランスア、19年に育成から支配下登録になったエマイリン・モンティージャがいる。彼らや野手のアレハンドロ・メヒア、もう1人のニューカマーのホセ・ピレラら外国人選手たちがみな、オープンマインドでいられるよう、フォローとアドバイスをしていくつもりだ。

COLUMN

私が見た「クリス・ジョンソン」の素顔

KIMIYOSHI NISHIMURA

西村公良 通訳

「負けず嫌い。そして、家族思い。自分たちで人気スポット巡《めぐ》りも」

ＫＪの最初の印象は……。実は、とくにこれといったファーストインパクトはなかったんですよね。「おとなしい感じの外国人なのかなぁ？」と思ったくらいで。

でも、実際はものすごく気持ちの熱い投手でした。見た目はクールなのですが、かなりの負けず嫌いで、勝利に対する執念がすごい。「自分が投げる試合は全部勝って、チームに貢献したい！」という強いハートを持ちながら、次の登板までの調整期間をすごしているのが伝わってくるんです。だから、けっして練習で手を抜くことはないし、野球に対する姿勢は真面目《まじめ》そのもの。広島カープの通訳に就《つ》いて、２０２０年で17年目になりますが、「チームの勝利のために投げるんだ！」という意識の強さは、僕が今までに見てきた外国人の中でもトップクラスに入りますね。

そして、彼は非常に家族思いの男です。家族のために異国の日本で必死に頑張《がんば》る夫であり、父親です。ＫＪの奥さんは日本での生活を「素晴らしい経験」ととらえ、夫を盛り立てながら、前向きに広島での生活をエンジョイしていますが、ＫＪ自身は奥さんに対して、「自分の野球のために、母国・アメリカから遠く離れた日本についてきてもらっている」という気持ちがものすごく強いように感じます。そのこともあり、野球以外の時間は極力、奥さんと娘さんのために使いたいという思いが伝わってきますね。

彼は自分の力で、なんでもやってみようとするタイプの人間。オフの日を利用して、広島を中心とした日本の人気スポットを、奥さん、娘さんと積極的に訪《おとず》れているようですが、どこを巡《めぐ》るにしても自分たちで本やインターネットを使って調べ、交通機関を用いて目的地までたどり着き、現地を楽しんでいるようです。

行った先で困ったことなどがあれば、電話やメールで連絡をしてくることはごくたまにあります。去年（19年）だったかな。ジョンソン一家がフェリーに乗って、放《はな》し飼いのウサギがたくさんいる広島県・大久野島《おおくのしま》を訪れた。そこまでは良かったのですが、現地で娘さんがウサギに指を噛《か》まれてしまったんです。そのときは、けっこう取り乱した様子で電話がかかってきました。彼は僕のことを「キミ」と呼ぶのですが、「キミ！　どうしたらいい？　一刻も早く病院に連れていって注射でも打たないとヤバいんじゃないのか？」と。僕や球団スタッフのほうで現地の病院を調べ、ＫＪに紹介し、ことなきを得たのですが、あのときはそうとう焦《あせ》ってましたね。「ありがとうキミ！　本当にありがとう!!」と、大げさなくらいにお礼を言われました。

ＫＪの登板試合で強く印象に残っているゲームが、２試合あります。１つめは、彼のＮＰＢのデビュー戦となった、15年シーズンの開幕第2戦（対東京ヤクルト）。あわやノーヒットノーランの1安打完封劇には驚きました。ものすごく集中していたことを鮮明に覚えています。

2つめは、16年の北海道日本ハムとの日本シリーズ第5戦。2勝2敗で迎えた札幌ドームでの試合ですね。「王手をかけて、広島に帰ろう！」と、気合いの入り方がすごかったんですよ。「気合いが空回りしたら、嫌《いや》だな」と思ってしまうくらいでしたが、結果的には、その意気込みが高い集中力につながっていった。自分の思いどおりに投げられている様子で、「どこまでも投げるぞ！　まだまだ投げられるぞ!!」と言わんばかりの投球。残念ながら、リリーフが打たれて負けましたが、彼のピッチングは完璧《かんぺき》でした。

ＫＪのピッチャーとしての最大の長所は、抜群の安定感でしょう。波が少なく、ケガも少ない。18年には、カープで通算40勝をマークしたブライアン・バリントンを抜き、カープの外国人通算最多勝利記録も樹立。その前の16年には、外国人としてはプロ野球史上2人目の沢村賞も獲得していますからねぇ。沢村賞が獲《と》れる外国人投手なんて、今後そうは出てこないでしょう。

3連覇にも貢献した大功労者ですが、これからもまだまだカープで投げ続けてほしい。みんなでシーズン終わりに喜び、笑い合える秋を、ＫＪと一緒にこれからも何度も味わいたい。そのために僕がヘルプできることは、なんだってしますから。

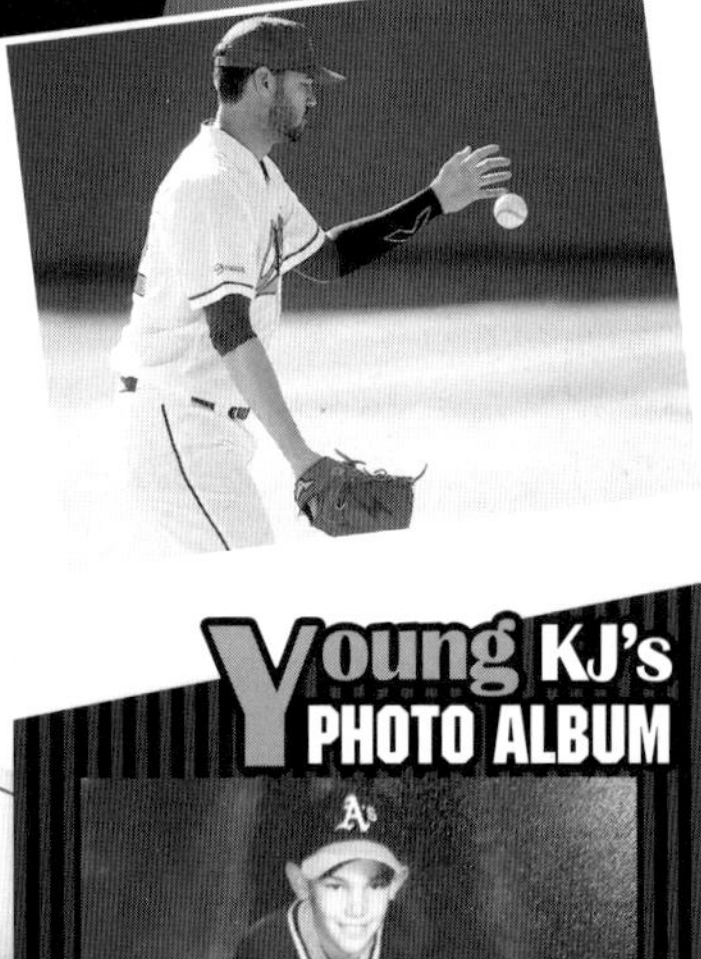

Young KJ's PHOTO ALBUM

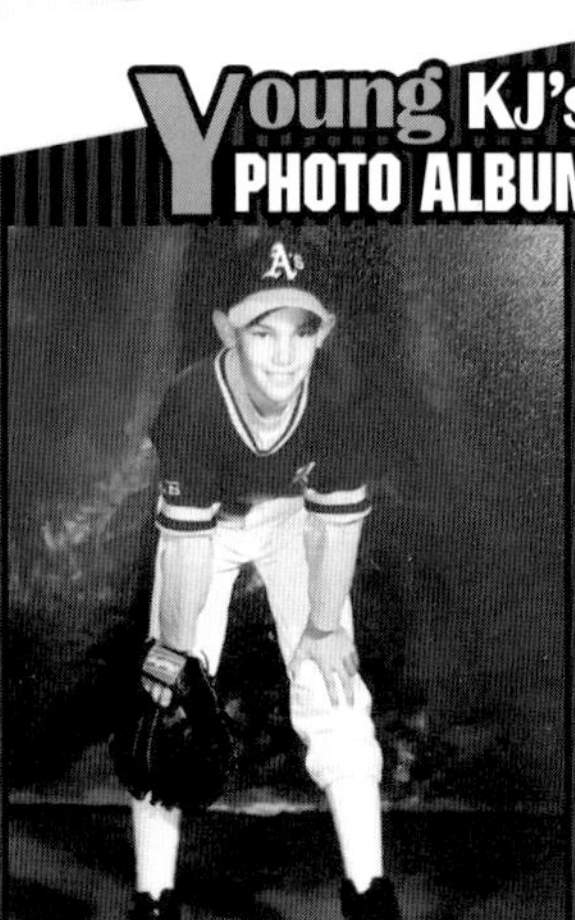

カリフォルニア州のメジャーリーグチーム
「アスレティックス」のユニフォームを着て。

第5章

僕のお気にいりの世界

妻がいたからこそ、今の自分がある

この章では、僕の家族やプライベートについて触れたい。まずは、僕の人生を語るうえでけっして欠かせない、最愛のパートナーである妻の紹介をしたいと思います。

妻の名前はカーリー（Carly）。1987年生まれで、年齢は僕の3歳下になる。妻との出会いは、13年冬。僕の高校時代のコーチの奥さんが、カーリーと同じ職場で働いていてね。コーチ経由で紹介してもらったことをきっかけに、交際が始まったんだ。カープ1年目はフィアンセとして僕と一緒に来日し、そのシーズンが終わった15年11月に結婚した。

彼女は、僕の気持ちを前向きに持っていくことがすごくうまくてね。大事な試合の前日などに緊張してナーバスな状態になってしまったときは、「気負いすぎないでね」「無理しすぎないでね」といった言葉で僕の重圧を排除し、冷静に気分良く試合に臨《のぞ》めるよう、誘導してくれる。

彼女はトレーニングの知識にも長《た》けているので、オフシーズンにはトレーニングのパートナーも務めてくれる。彼女は自分に厳しく、トレーニングメニューもかなりハードなので、ついていくのにいつも必死だよ(笑)。

妻とのあいだには娘を授《さず》かった。名前はパイパー（Piper）。2020年の5月、2歳の誕生日を迎えた（本書カラー最終ページに、家族写真を掲載）。

どんな娘かというと、とてもエネルギッシュで、スマートで、愛らしい子どもだよ。今、シャイステージ（人見知り）の時期に突入しているけれど、初対面の人にも「こんにちは！」「Hi《ハイ》!!」と挨拶《あいさつ》できるし、公園で遊んでいても、誰に対しても積極的に自分から絡《から》んでいくことができる。欠点を挙げるとすれば、昼寝が嫌いなことくらいかな？(笑)。

妻と娘は、僕の登板試合には必ずといっていいほどスタジアムにやってくるんだ。19年はゲームで投げている僕の姿をスタンドから見つけ、「あ！　ダディだ!!」と言っていたらしく、僕が「カープというチームに所属する野球選手」ということは認識しているみたい。

今では、カープの赤いユニフォームの写真や動画を見ると、カープの球団歌『それ行けカープ』の「カープ、カープ、カープ、広島！」の箇所《かしょ》で手を叩《たた》きながら、小躍りして歌うようになってね。球場でしょっちゅう耳にしているうちに覚えてしまったみたい。

ただ、リズムと音程は完璧《かんぺき》なのに、まだ「ヒロシマ」とちゃんと言えなくて、全部「シマ」になっちゃう。「カープ、カープ、カープ、シマ！」とね。たぶん、近いうちに、ちゃんと「ヒロシマ」とフルに言えるようになるんじゃないかなぁ。

日々、成長する娘を目撃できるのは楽しいし、毎日、「そんなことができるようになったのか！」「どこでそんなことを覚えたんだ！」と言いたくなるような感動を、われわれ夫婦に与えてくれている。娘の顔を眺《なが》めているだけで、エネルギーがみなぎってくるんだ。

これから先、娘の人生の中で、思うようにいかないことはたくさんあるだろうけど、つまずき、もがく中でいろんなことに気づき、自分の力で困難を克服していける人間になってほしい。もちろん、「どうしたらいい？」と聞かれれば、答えられる範囲でアドバイスは送るけどね。

娘がどんな女性に育っていってほしいかって聞かれたら、賢明で自立心に満ちあふれていて、面白くて、ユーモアがあって、感受性が豊かで、思いやりがあって……。そんな要素をすべて持ち合わせた妻のような女性になってほしいかな。

この場を借りて、妻にも感謝の言葉を記しておきたい。

僕が野球を仕事にしている以上、シーズン中は家をあけることが多く、異国の地で実質シングルマザーみたいな状態になってしまう中、娘をしっかり育ててくれていることに敬意を表している。アメリカに住んでいれば実家の親などに頼ることもできるだろうけれど、身寄りのない異国の地では、そうもいかない。弱音はけっして吐《は》かないけれど、大変な思いをしていることは想像に難《かた》くない。

僕は彼女のおかげで、自分の愛する大好きな野球というスポーツを日本で追求することができていると思っている。彼女の存在抜きに今の自分はないと、ハッキリ言える。彼女のおかげで、ジャパニーズ・ドリームを追うことができているんだ。心の底から感謝したい。

異国の地でハマったお気にいりフード

ここからは、僕の「Favorites《フェイバリッツ》（お気にいり）」や「Hobby《ホビー》（趣味）」などについて語っていこうと思う。

食べ物に関しての好き嫌いは、ほとんどないよ。苦手なのは、キューカンバー（きゅうり）、マッシュルームくらい。「Picky《ピッキー》 eater《イーター》（食べ物の選り好みが激しい人間）」ではないと思っている。

好物は、タコスなどのメキシカン料理。ライスの上に鮭《さけ》のフライを乗せた「サーモン&ライス」も好きで、子どものころからよく食べていたよ。

日本に来て、ハマったのがお好み焼き。初めて口にした瞬間から、「なんて美味《おい》しいんだ！」と感動が止まらなかった。好きなタイプは、広島スタイルお好み焼きのヌードル（麺《めん》）入り。上にかかっているソースも、たまらないよね。

好きなお好み焼き屋はいろいろあるけれど、いちばんのお気にいりは、広島にある「長田屋《ながた》」。足を運ぶたびに、幸せな気分になれるよ。こんなこと書いていたら、さっそく食べたくなってきたな(笑)。

天ぷらも、日本に来てハマった食べ物の1つ。お気にいりの店は、広島市内にある「てんぷら あら谷《たに》」。夫婦で経営しているこじんまりした店なんだけれど、とにかく美味しくて、「So《ソー》 Good《グッド》(とても良い)」なんだ。

ラーメンも好きだなぁ。中でもとんこつラーメンが好きで、「一蘭《いちらん》」によく行くよ。本当に美味しい。一蘭は、英語のメニューがある点も非常に助かっている。

焼肉、鉄板焼きも大好き。日本に来て知った、和牛の美味しさの虜《とりこ》になっているよ。初めて神戸ビーフに舌鼓《したつづみ》を打ったときの衝撃は忘れられない。とても柔らかく、マーブル模様のサシが入った霜降《しもふ》り肉は、まさにパーフェクトビーフ。その筆舌《ひつぜつ》に尽くしがたい美味しさには、度肝《どぎも》を抜かれた。

オフシーズンにアメリカに帰国すると、すぐに和牛の味が恋しくなるんだ。アメリカで和牛のような質の肉をさがし求めるんだけど、出会えたことがない。もう僕も妻も日本の牛肉じゃないと満足できない体になってしまったので、オフシーズンがつらくてたまらない。日本の牛肉の素晴らしさを知ってしまったがゆえの不幸だと思っているよ（笑）。

お寿司《すし》も大好きさ。ネタは基本的になんでもOKなんだけれど、17年に病気で約2か月戦線離脱を余儀なくされたときに、お寿司屋さんで食べた生《なま》のタコが病気の原因だった可能性も否定できないとドクターに言われてね。結局、いまだに原因は定かではないんだけれど、それ以来、なるべく生の魚は食べないようにしている。今はお寿司屋さんに行っても、生で食べるのはマグロとサーモンくらい。いろんな美味しそうなネタを前に我慢するのは、なかなかの苦行《くぎょう》だよ。

食料品の買い出しでいちばんお世話になっているスーパーは、マツダスタジアムに隣接する会員制スーパー「コストコ」。週に1回のペースで買い出しに行っているかな。イチゴとブルーベリーは、欠かさず買うんだ。お気にいりのカフェは、「スターバックスコーヒー」。ほぼ毎日、足を運んでいるね。

お気にいりの場所や店が増えるたびに、「日本語でスラスラと会話ができたら、もっと楽しくなるのにな」という思いに駆《か》られる。ヒアリングに関してはかなりできるようになってきて、知っている単語を拾いながら、相手がなにを言っているかは、おおよその見当がつくんだけれど、こちらから会話レベルで話すことは、まだ困難を極めている。

確かに日本語は難しい言語ではあるけれど、上達をあきらめるつもりはない。少しずつでも会話力が磨かれるよう、チャレンジしていきたいと思っています。

僕はゲーム大好き人間

僕はゲームが大好きな「ゲーマー」でね。自分のホビーを語るうえで、ゲームをはずすわけにはいかない。本格的にゲームに興《きょう》じるようになったのは、ドラフト指名を受け、プロに入団した06年。遠く離れてしまった地元の友だちとオンラインゲームで遊ぶようになったことがきっかけだった。今でもアメリカの友人たちとオンラインでつながって遊んでいるよ。

球場のロッカーにもモニターとゲーム機を持ち込み、いつでも遊べる環境は整えてある。ゲーム好きの助っ人外国人も多く、よくみんなでワイワイ言いながら、プレイしてる。ブラッド・エルドレッドともやったなぁ。日本人では九里亜蓮とプレイすることが多いかな。ここ2年くらいは、『フォートナイト』というバトルロワイヤルゲームにハマっている。

妻と一緒にゲームをすることはないなぁ。僕自身は一緒にやりたい気持ちがあるので、自分がハマっているバトルロワイヤル系のゲームに興味を持たせようと試《こころ》みたこともあったけれど、妻はゲーム自体があまり好きじゃなくてね。遊ぶにしても、『スーパーマリオ』や『マリオカート』のようなゲームしかやらない。僕の好きなタイプのゲームに関心を持たせることは、すっかりあきらめたよ。

あと、ハンティング（狩猟）も好きでね。オフシーズンによくやるのは、ダックハンティング（鴨猟《かもりょう》）。射撃もお気にいりのホビー。アメリカに戻ったときは、ピストルやライフルを撃つことができるシューティングレンジ（射撃場）で楽しんでいるよ。

ほかでは、ゴルフもエンジョイするし、スノーボードや釣りも好き。

釣りと言えば、来日1年目に日南でブラッドと釣りをしたことがあったんだけど、大きなハマチを釣ることができてね。ホテルに持って帰って、さばいてもらった刺身の美味しさは、いまだに忘れられないよ。

僕はファッションには無頓着《むとんちゃく》で、着心地が良ければ、なんでもいいタイプ。自分で選んだら、毎日のようにTシャツとスウェットを着ちゃう。一方の妻はファッションに敏感で、インターネットでいつも情報収集しながら、流行ファッションを常にチェックしている。妻はショッピングに出かけるのも大好き。彼女のセンスを信用しきっているので、いつも妻が選んでくれた服を着ているよ。

好きな音楽は、とくにこれといったジャンルはないかなぁ。好きな歌手もとくにいないかわりに、広くなんでも聴くよ。強《し》いて言うなら、カントリーミュージックかな。

いちばん好きな映画は、『ナチュラル』。ロバート・レッドフォード主演のベースボールムービーなんだけれど、これまでに数えきれないほど見てきた。1日3、4回見る時ときもある。VHSのビデオテープ時代は、テープが擦《す》りきれるかと思ったよ。何度見ても飽きることのない、大好きな映画さ。

愛用している投手用グラブは、ミズノ社製。アメリカではおもにローリングス社のグラブを使用していたんだけれど、来日を機に、ミズノのグラブに変更したんだ。好きなカラーはブラック。一時、ブルーを使用したことがあったけれど、あまりいい投球ができなかったので、すぐにブラックに戻した。柔らかいグラブよりは、ハードなタイプが好み。

グラブの外側の親指部分には、娘の名前を刺繍《ししゅう》で入れてもらっている。英語ではなく、日本語のカタカナで「パイパー マリ」とね（マリはミドルネーム）。試合中もたくさん目に入るので、すごく力をもらえるんだ。

ミズノはこまめにメンテナンスを施《ほどこ》してくれるし、アフターケアも万全《ばんぜん》。安定した結果を残すうえで、欠かせぬパートナーだと思っている。すごく感謝しているよ。

人の温かさが感じられる広島シティが好き

お気にいりの旅行先は、京都。オフの日に妻と訪《おとず》れたんだけれど、いろんな寺を見て回ったし、日本の文化をたくさん感じ取ることができた。ものすごく楽しい時間をすごせたよ。

僕が日本でいちばんお気にいりの街《まち》は……？

そりゃあ、もちろん広島さ。ナイスで大好きな街。都会でありながら、東京ほどの大都会ではなく、コンパクトなシティという感じで、住んでいても非常に居心地《いごこち》がいい。

妻も、広島という街が大のお気にいり。年に一度のペースで日本を訪れる僕の両親も、「いいシティだよ、広島は。いいチームに入ったな、クリスは」と、毎回言い残してアメリカに帰っていくよ。

電車の路線も東京のように複雑じゃないし、市内のあらゆるところに容易に移動できるのもいい。それに、なんといっても街の人々が優しく、温かい！　日本滞在年数がまだ浅かったころ、広島市内を電車で移動しようとした際に迷ったり、目的地まで思うようにたどり着けなかったりして、困ったことがよくあったんだけれど、街の見知らぬ人たちに、何回も助けられた。実に丁寧《ていねい》に教えてくれるんだ。迷っていることを察して、「なにかお困りですか？」と声をかけてくださる人も少なくない。

妻とともに、「なんて親切な人たち！　なんて温かいシティなんだ!!」と、幾度《いくど》も感動させられたよ。

今では街を歩くと、「カープのジョンソンだ！」と気づいてくれる人もずいぶんと増えた。「頑張ってくださーい！」「次も頼むぞ!!」といった、「Ｃｈｅｅｒｆｕｌ《チアフル》（元気づけられる）」な言葉をかけられる機会も多くなった。広島という街で認められたように感じられて、うれしくなるんだ。

広島の人たちも温かいけれど、カープ球団も実に温かい。外国人選手とその家族が安心して異国の日本で住めるよう、きめ細かいサポート体制が確立されているため、選手たちもプレーに集中しやすい。外国人選手たちを常に気遣《きづか》い、カープファミリーの一員として扱ってくれているのが、これでもかと伝わってくるんだ。

ほかのチームの助っ人外国人選手たちからもうらやましがられるし、そんなときはカープの配慮が行き届いたサポート体制を、改めて実感する。日本に来る前にエージェントがカープのオファーを僕に強く勧《すす》めた理由がよくわかったよ。

松田元《はじめ》オーナーも素晴らしい方。会うたびに、「なにか困ったことがあったら、いつでも言ってよ！　相談に乗るからな！」と、気さくに話しかけてくれる。毎年、必ず妻あてにバースデーカードやクリスマスカードが贈られてくるんだけれど、これを当たり前のことだと思ったら、バチが当たるよね。「プレーでチームに恩返しするんだ！」という気持ちに自然となれることも、カープの強さの要因の1つのような気がするよ。

これから

20年の10月で、36歳の誕生日を迎える。あと何年現役プレーヤーでいられるかは、自分でもわからないけれど、「もうできない！　限界だ!!」と思えるところまで続けたいとは思っている。とはいえ、いくら自分が続けたくてもチームに「もう契約しないよ」と言われれば、それまでの世界。自分でやめる時期を選択できる野球人は、そう多くはないからね。自分の意志で引き際《ぎわ》を決めることができる野球人は幸せだなと思うよ。

1つ心残りがあるとしたら、メジャーで白星を記録できなかったことかな。大目標だったメジャー昇格を果たし、奪三振などはマークできたけれど、勝利をあげることは叶《かな》わなかった。「リタイアするまでに、メジャーで白星を1つでいいから刻《きざ》めたらいいな」という思いは心のどこかにあるけれど、日本での充実した野球人生がその思いを年々、薄めてくれているよ。

引退後のことは、まだなにも決めてない。リタイアの時期はそう遠くない未来に間違いなくやってくるんだし、そろそろ具体的に、なにか考えなくてはいけないんだろうけどね。

ただ、できることなら、野球に携《たずさ》わる仕事がしたいとは思う。自分の積み重ねた経験、知識を生かせる、得意な分野だとも思うしね。どこかのチームのコーチをしたり、誰かのサポートをしたりといった、漠然《ばくぜん》としたことは浮かんだりする。ブラッド・エルドレッドのようにスカウトをしながら、引退後もカープをサポートできたらな、という思いもあるしね。

どういう未来が待っているか、楽しみにしたいと思う。

COLUMN

私が見た「クリス・ジョンソン」の素顔

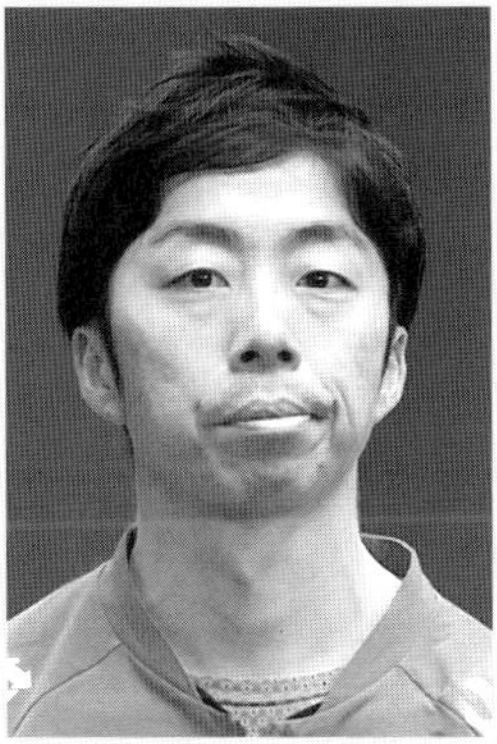

SHINJI MIURA

三浦真治トレーナー

「体を使うのがうまい。でも、ゲームする時間は減らして（笑）」

ＫＪとの最初の出会いは、彼がカープに加入した２０１５年春ですね。僕は投手陣のコンディショニングを担当していて、英語が話せることもあり、よく一緒にいます。ＫＪからは、「ゲーター」と呼ばれています。僕はアメリカのフロリダ大学出身なのですが、大学のマスコットがワニ（アリゲーター）なんです。「フロリダ大学出身なら、ニックネームはゲーターで決まりだ！」となり、今ではほかの外国人のあいだでも、ゲーター呼びがすっかり定着しています。

来日当初のＫＪは今よりもずいぶんと細かったんです。現在は99キロ前後ですが、当時は今よりも10キロくらい軽かった。ＫＪからも、「もっと体重を増やしたい。体を大きくしたいんだ」というリクエストがあったので、栄養補給のタイミングや食事内容に留意しながら、筋肉量を増やすトレーニングを継続して行ってきました。体重が増えても体の動きが以前よりも悪くならないように気をつけてきましたが、その点もクリア。来日当初の目的は達成できたと思っています。

トレーニングに対しては、非常に積極的です。やると決めたことは、必ずやり抜きます。僕の意見を素直に聞き入れようとする姿勢を崩《くず》さない一方で、疑問に感じたトレーニングメニューに対しては、「僕はこう思うんだけど」と、ハッキリ意見を述べてくれるんです。常に話し合いながら、よりよいやり方をともに模索する日々を積み重ねてきました。いい関係が築けているんじゃないでしょうか。

KJのフィジカル面の良さは、まず、平均以上の筋肉量があること。2つめは、それだけの筋肉量がありながら、しなやかさも備えていること。あの柔らかさ、しなやかさは、天性の要素が多くを占めていると思っています。

あとは身体の操作性ですね。体のパーツの連動性に優《すぐ》れていて、体を使うのが非常にうまい。自分がしたい動きができる操作性、再現力を備えていることが、レベルの高いピッチングのメカニクスを生み出しているのだと思う。一瞬で力を「びゃっ!」と出すのが、非常にじょうずな投手です。思いきり投げているように見えないのに、リリースであんなにもすごい力を生み出せるのは、さすがのひと言に尽きます。

KJに物申したくなるのは、ストレッチがあまり好きじゃない点ですかね。やはり年齢を重ねてくると、どうしてもしなやかさが失われやすくなるので、ストレッチはしっかりとやってほしい。

あとは、ゲームをしすぎること。KJはゲームが大好きなんですけど、家でやると奥さんがあまりいい顔をしないらしく、球場のロッカーなどで、ここぞとばかりにやりまくるんですよね（苦笑）。ゲームって、ずっと同じ姿勢でやるじゃないですか。首とか、背中などに知らず知らずのうちに負担がかかるリスクがあるので、コンディショングコーチの立場としては、もう少しゲームで遊ぶ時間を減らしてほしいものです。

ＫＪは家族最優先のスタンスを徹底しているので、プライベートで食事に行くことはめったにないんですけど、17年秋、甲子園球場でリーグ2連覇を決めた日の夜に、ＫＪから「ゲーター、今日は一緒に夕食に行こう！」と誘われたときは、すごくうれしかったですね。僕とエルドレッドと、ＫＪの奥さんと、もう1人英語がしゃべれるトレーニングコーチとの5人で、神戸・三宮《さんのみや》のアメリカンバーみたいなところに行ったのですが、なんと言っても、優勝を決めた日の夜。ＫＪも、実に楽しそうにお酒を飲んでいました。「ゲーター、いつもありがとう。感謝しているよ」と言われたときは、感激しましたね。

そんなリラックスした空間でのＫＪは、実に陽気なんです。マウンド上でのクールな雰囲気とは、全然違う。あの茶目っ気たっぷりのＫＪの姿は、ファンのみなさまにもぜひ見てもらいたいですね。

ＫＪとは、これまでにたくさんのいい思いを一緒に味わうことができました。お互い、あと何年、カープで一緒にできるかわかりませんが、これからもまだまだ多くのいい体験を共有できたらいいな、と思っています。

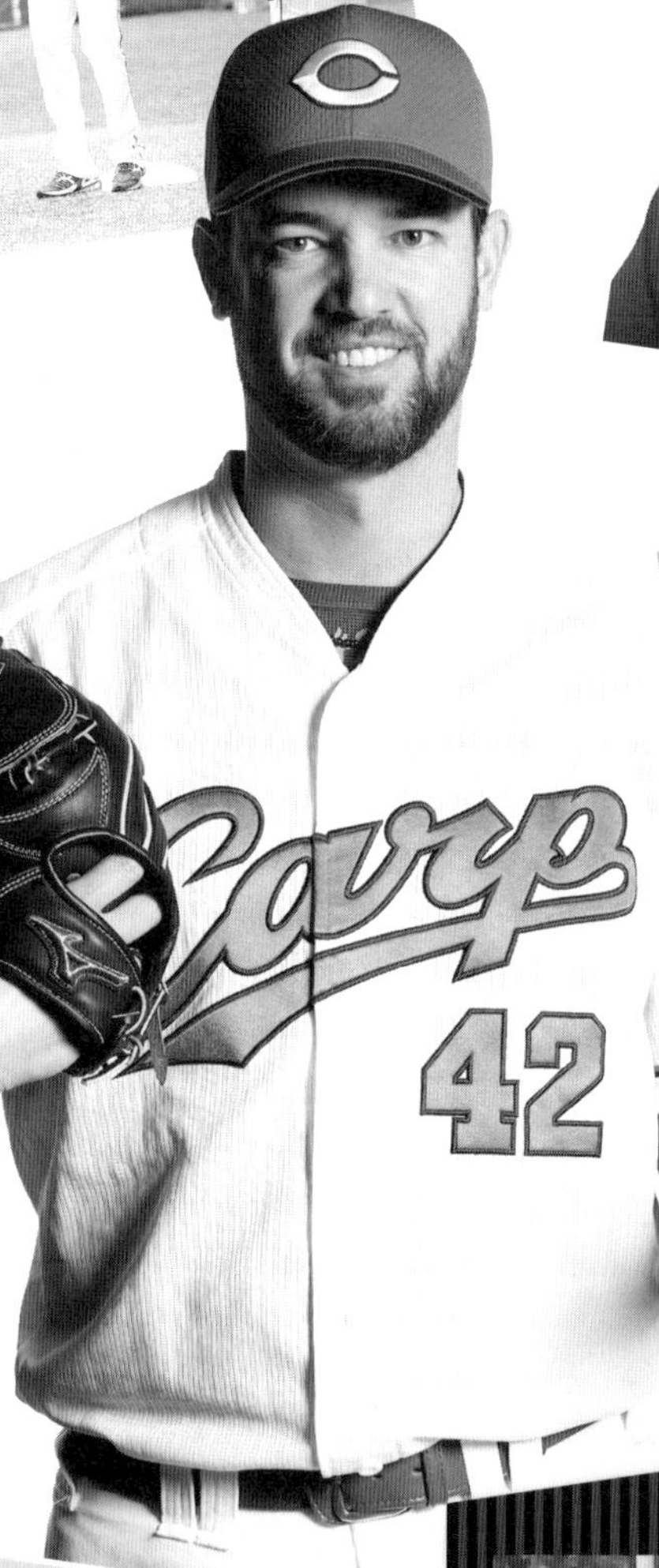

Young KJ's PHOTO ALBUM

カンザス州にあるウィチタ州立大学時代の投球フォーム。
大学野球で結果を出し、ついに念願のプロ入りを果たした。

第6章

高みを目指す KJの流儀

ピッチングフォームで大切にしているのは「テンポ」

ここからは、僕が培《つちか》ってきた投球術やメンタル術、プレーするうえでの目標やマインド、若いプレーヤーやカープファンへのメッセージなどを記したいと思います。

ピッチングフォームで強く意識しているのは、テイクバックをゆったりととること。テイクバックがせわしくなると、どうしても投げ急いで、突っ込みがちになってしまうからね。といって、テンポが遅くなりすぎるのも良くない。クイックすぎず、スローすぎず、あくまでもテンポ良く。そのために、「1《ワン》、2《ツー》、3《スリー》」と数えて投げるイメージを持つようにしているんだ。足を上げた瞬間を1、テイクバックが2、リリースが3。数えるテンポは、「ワン、ツー、スリー」ではなく、「ワ～ン、ツ～～、スリー」と間《ま》を伸ばすイメージかな。

「ジョンソンのフォームはボールの出どころが見にくい」とよく言われるけれど、自分では、「出どころを見にくくしよう」「バッターからボールを隠そう」なんて意識はまったくない。あくまでも、自分のフォームで投げた結果なんだ。

「全力で一生懸命投げているように見えない。キャッチボールの延長のように見える」

「イージーにスムーズに投げるよなぁ。全然、力《りき》んでるように見えない」

こういったことも、よく言われる。学生時代からずっと言われてきたよ。自分はいつだって可能な限り、ハードに投げているつもりなんだけれど、まわりの人にはそうは映らないらしい。奇妙な話だと思わない？(笑)。

僕はプロに入ってから、大きな故障を一度もしていないんだけれど、もしかしたら、「はたから見て、思いきり投げていないように見えるフォーム」も貢献してくれているのかもしれない。

フォームは、基本的にはずっと一緒。中学時代から、すでに今の投げ方だった。自宅のあるミズーリ州に、継続的にフォームを見てもらっているコーチがいてね。これまでの僕の成長過程をすべて把握《はあく》しているし、コーチの中でチェックポイントが確立している。ずっと僕を見続けているので、ちょっとした変化にも気づいてくれる。もう、かれこれ25年くらいお世話になっているよ。オフに帰国した際には、必ず見てもらい、感じたことを伝えてもらうんだ。

あと、スライドステップ（クイックモーション）についての考え方が日米で違うことをカープに来て知ったときは驚いたよ。日本ではランナーがいた場合、基本的に1・3秒以下で投げることを求められる。アメリカでは急いで投げることで頭がいっぱいになって、肝心《かんじん》の投げるボールの質が落ちたら本末転倒という考え方が根強く、「ストライクを投げる」「いい球をきちんと投げる」ことのほうが重要視される。クイックである必要がないわけではないけれど、優先順位としては3、4番目に来てしまう。そのため、ランナーがいても大きく足を上げ、1・3秒を大幅に上回るタイムで投げるピッチャーも少なくない。でも日本では、ボールの質もクイックの速さも両方、求められる。大きく足を上げなければいい球が投げられない外国人ピッチャーは、日本球界に来たら、どうしても苦労するよね。

僕は昔から、牽制《けんせい》があまり得意なタイプではなかった。その分、足を大きく上げず、クイックに投げることは、学生時代から大事にしてきたプロセス（過程）。比較的スムーズに日本の野球に適応できたのは幸いだったよ。

「KJ流」コントロール術

次に、コントロールに悩んでいる野球少年に、アドバイスを送ってみたい。

「狙《ねら》ったところに投げる」という部分で自分が意識しているのは、上げた足をキャッチャー方向に踏み出していく際にグラブをはめた側の肩とヒジを結んだラインを投げたい方向に向けながらテイクバックに入ること。僕は左投げなので、右肩と右ヒジを結んだラインをキャッチャーのミットに合わせ、テイクバック、並進《へいしん》運動を行っていく。自分自身がライフルだとしたら、グラブをはめた側のヒジから肩のラインはターゲットを覗《のぞ》き込むライフルスコープのような存在。そこがずれると、ボールという名の弾丸はなかなか狙ったところには行ってくれない。

「キャッチャーミットは最初から最後まで視線を切ることなく、見続けるべき?」

そういう質問を受けることもある。足を上げたときに一度視線を切ってから、再びミットを見て投げるタイプのピッチャーもたくさんいるし、自分に合うと感じたほうで投げればいいと思う。

ただ、僕自身は視線を切ることなく、ターゲットを見続けたほうが狙った場所にボールを送り届けやすい感覚がある。

ライフルでターゲットを狙うときって、スコープの中をずっと見続けるじゃない？視線を1回どこかへそらしてから銃の引き金を引いたりはしないと思うんだ。そういう考え方もあって、自分は最初から最後までずっとキャッチャーミットを見続けているよ。今昔問わず、長く活躍し、成功したピッチャーの多くはターゲットを見続けるタイプだと思うしね。

僕は、投げたボールがキャッチャーミットにおさまる瞬間まで、しつこいくらいに見続けることを強く意識している。目的は、大きく2つ。1つは、ピッチャー返しを食らったときに、打球に反応し、対応できる確率が高まること。そしてもう1つは、自分が投げた球を「最後まで見届けたい」から。

「こう投げたら、あそこへ行った」という確認を毎球行い、フィードバックを重ねることで、コントロールの精度をもっと上げていきたいんだ。

全球種を同じフォームで投げるために、意識していること

現在、僕の持ち球は、フォーシーム、ツーシーム、カットボール、カーブ、チェンジアップ、スライダーの6種類。カーブは、ナックルカーブタイプを学生のころからずっと投げている。以前はフォークも投げていたんだけれど、いつまでたっても安定感が出てこなくて……。いいときはいいんだけどね。だから、落ちる系の変化球は、フォークをやめ、チェンジアップを投げるようになった。フォークは、もういいかな。再挑戦するには、年をとりすぎたように思う（笑）。

来日当初は、フォーシーム、カットボール、カーブの3つがメインの球種だった。最初の2年は、イシ（石原慶幸）の考えもあって、インコースを果敢に攻めた。右打者の内角を突くカッター、左バッターにはツーシームでインコースをどんどん攻めたんだ。インコースを果敢につく日本の投手が少ないこともあってか、最初の2年は内角中心の配球がうまくハマった。

3年目に入ると、相手チームも内角中心の配球に慣れてきたので、コース全体を突いていく投球に変化していき、右バッターにツーシーム、チェンジアップ、左バッターにスライダーを投げる割合が増えていった。毎年、同じことをしているのでは、好結果を残し続けることは難しい。安定した結果を出し続けるためには、変化が欠かせない。常に変化し続ける姿勢を持ち続けなければ、プロはやられてしまう世界なんだ。

変化球を投げるうえでの重要ポイントは、「ストレートのときと同じフォームで投げる」こと。いくら変化量の大きい変化球を投げられたとしても、ストレートと腕の振りが違って見えれば、打たれるし、オフスピードのボールを投げる際に腕の振りが緩《ゆる》んだら、やはり、いい結果は出にくい。どのボールを投げるときも同じフォーム、同じ腕の振りでなければ、いい成績を残すことはできない。

常に同じフォームで投げるために、僕が意識しているのは、「頭の中は常に、ストレートを投げるイメージで変化球を投げる」こと。ストレートと変化球を投げる時の違いは、「ボールの握り方」だけ。変化させることに関しては、「握りを信じ、握りに委《ゆだ》ねる」という意識を強く持つ。

「握りがきちんと仕事をしてくれる。結果、ボールは変化する。自分はあくまでも、ストレートを投げるつもりで常に投げるんだ」

この意識を持つことができると、球種によってフォームが変わりづらくなる。

とはいえ、僕もすぐにこの技術を会得《えとく》できたわけではない。何年も何年もこの意識を追求して、同じフォームですべての球種を投げられるようになった。やはり技術を会得するには、それ相応の練習の積み重ねが必要になる。すぐにはうまくいかなくても、あきらめずにコツコツと続けること。いつの世も、これしかない。いたずらに近道を求めないほうが、結局は早くたどり着けたりするからね。

エースの条件

自分が目指しているのは、ゴロを打たせてアウトを取るタイプの「グラウンドボールピッチャー」。日本での僕の成績データも、ゴロ率は高い部類に入るみたいだけれど、それは自分が理想としている投球内容だよ。ゴロを打たせて取る投球を強く意識するようになったのは、アメリカ時代、３Ａに初昇格した２００９年。自分はスーパーハードなボールを投げられるわけではなく、三振をバッタバッタと奪える投手ではないということに気づかされたのがきっかけだった。

もちろん奪三振を量産できる、力で押す投球への憧《あこが》れはあったけれど、自分の球威でフライボールピッチャーを追い求めると、本塁打を数多く献上するタイプになってしまう。自分が持っている能力以上の自分になることはできない。だから、グラウンドボールピッチャーとして生きていく決意を固めたんだ。

ゴロを打たせるうえで大事なポイントは、低めのゾーンに投球を集めること。そして、投球の軌道に「高低の角度」をつけること。英語で「ピッチアングル」と呼ぶ、高低の角度をつけることで、バッターはボールの上《うわ》っ面《つら》を叩《たた》く確率が高くなるんだ。

あと、僕が考えるエースの条件についても、お話ししたい。エースとは、好不調の波が少なく、毎試合安定した投球で６回以上を投げ、試合を作り、常に勝つチャンスがある試合展開に持っていけるピッチャーかな。たとえ自身に勝ち星がつかなかったとしても、そういう試合を数多く作り出せる安定感が、エースの条件。そんなピッチャーになりたいと、いつだって思っている。

好投したかと思えば、次の登板ではノックアウト。投げてみなければどうなるかわからないような好不調の激しいピッチャーでは、起用する首脳陣は計算も立たないだろうし、信頼だって得られない。投げる試合は「最低、これくらいはやってくれるだろう」と思ってもらえるピッチャーにならなければ、と意識しているよ。

毎試合のように試合をきっちり作れるピッチャーになるために、試合の中で強く心がけているのは、「イニングの先頭打者をアウトに仕留める」こと。先頭打者をアウトにし、ワンアウトランナーなしの状況を作るだけで、その回を無得点に抑える確率は大きく跳《は》ね上がる。どの打者に対しても集中はするんだけれど、先頭打者に対してはとくに集中し、細心の注意を払う。いちばん自分が嫌《いや》になるのは、先頭打者に四球を与えたとき。それならまだ、ヒットを打たれるほうがまし。フリーパスで出塁を許すのは、最悪だよ。できる限り、したくないと思っている。

精神面で大切にしているのは、「頭の中が、常に冷静であること」。ハートは戦闘態勢に入り、ガンガンに燃えながらも、頭の中はクールに保ちたい。そして、やる前から「うまくいかなかったらどうしよう」と悪い結果を恐れるのではなく、クールな頭で「どうすれば、その状況で最善が手に入るのか」ということに集中する。そうすることで、ネガティブな感情を蹴散らすことも可能になると思うんだ。

1年を通して大切になってくるのは、「悪い結果が出たとしても、引きずらない」こと。いったん試合が終わったら、いいことも悪いこともリセットし、次の登板に向けての準備に入る。もちろん、悪い結果を忘れることは簡単なことじゃない。でも、落ち込んだところで、過ぎ去ったことはもはやどうしようもない。これは、いつの世も事実。平常心を保ち、次のことだけを考え、前を向く。これを実行できる者《もの》のみが、エースと呼ばれる資質を持っていると言えるんじゃないかな。

「KJ流」目標設定法

物事を成し遂《と》げるために、目標を立てることはすごく大切。さらに言えば、自分に合った目標設定法を見つけることは、もっと大切だと思う。

よくシーズン前に、「今年の目標の勝ち星数は?」「目標とする防御率は?」といった「目標とする数字」をマスコミの方々などに聞かれるんだけれど、僕は昔から目標を数字では設定しないようにしている。

その理由の1つは、目標を数字で立ててしまうと、その数字をクリアした時点で満足してしまうから。実際は、もっとできたかもしれないのに。それが、嫌なんだ。

それに、9回を無失点に抑えても、味方が無得点ならば勝利がつかないのが野球という競技。勝利数のように、自分がコントロールできない要素が入り込むことを目標に設定するのは、どうも好きになれない。防御率は、勝利よりは自分自身の力が反映されるかもしれないけれど、それも100%じゃない。目標は、もっと個人の純粋な頑張《がんば》りがわかるものであるべきなんじゃないか。そう考えてしまう。

カープ入団から19年シーズン末までの通算勝利数は、57。20年シーズン、13勝をあげたら、通算70勝というキリのいい数字になる。13勝をあげることができれば、チームに貢献できているという見方もできるので、「13、勝てたらいいな」と思ったりはする。でも、「13勝」という数字を目指してプレーすることはない。

僕の個人的な目標は、「自分がそのときにできるベストを尽くす」。毎年、同じだよ。どの試合も、いったんグラウンドに出たら、集中し、ベストを尽くす。僕は、ピッチャー。ボールが指先を離れた瞬間からもう自分にはコントロールできない世界が始まる以上、目標はここに尽きる。いつだって自分だけがコントロールできる世界に、目標を設定したいんだ。

「ベスト」を目標に掲《かか》げる一方で、強く意識していることがある。それは、「オーバーワークに気をつけること。何事もやりすぎないこと」。

限界を超えるくらいのつもりでハードに頑張るのはすごく大事なんだけれど、ブレーキを持っていないと、知らず知らずのうちに自分の能力以上のことを一気にやろうとしてしまいがち。ひいては、自分自身を見失いやすくなってしまう。「無理をすること」と「ベストを尽くすこと」の混同は、絶対に避けねばならない。たとえ「良いこと」であっても、やりすぎると「良くないこと」に変わってしまうケースが世の中には多々ある。「やりすぎない」という気持ちを備えてこそ、真の「ベスト」が可能になると思うんだ。

どんなときも、「HAVE《ハブ》 FUN《ファン》!」

僕と同じように異国の地で頑張っている学生やビジネスマンの方々へメッセージを送るとしたら、「常にオープンマインドでいよう!」かな。どこであろうと、未知なる異国の地では、誰だって最初は大なり小なりカルチャーショックを受けてしまう。食べ物、言葉、文化が母国と異なる他国で生活していくうえで不可欠なのは、やはりオープンマインドの精神。なんでも受け入れようとする姿勢がクイックなアジャスト(早い適応)につながり、その地を楽しめることにつながっていく。

日本に来てから、多くの外国人プレーヤーを見てきた。日本流を受け入れられず、自国にいたときのやり方に固執した選手もいたけれど、そういう人はやはりいつのまにかいなくなる。成功する選手は例外なく、オープンマインドを大切にしていると言っていい。オープンマインド精神にあふれ、なんだって受け入れる心を持っている人は、仮に異国でつらく嫌なことがあっても、人一倍、我慢することが可能になる。我慢できるからこそ、つらいことをやがて楽しいことに変換していけるんだ。

日本の若いベースボール・プレーヤーへも、メッセージを伝えたい。好きな野球と向き合う中で、思うようにいかないこともたくさんあるだろうけれど、なりたい自分になるために、けっして自分を追い込みすぎないこと。無理をしないこと。うまくいかないときは、一回立ち止まり、一歩離れて、心も体も休めてから戻るくらいでいい。高校生などは、甲子園出場のような、その時期でしか叶《かな》えられない大きな目標を設定している選手も多いだろうし、立ち止まるのは容易なことではないのかもしれない。それでも立ち止まる勇気、休む勇気を持ってほしい。

さもないと、心も体も「Burnout《バーンアウト》(燃え尽きて)」してしまう。人間は、適切な休息が必要な生き物。疲労を蓄積させて、物事がうまく運ぶことは少ない。僕は毎年、シーズンが終わったら1か月半から2か月はボールを握らず、肩を完全に休ませる。心と体がリフレッシュすると、「早く投げたい! 大好きな野球を早くやりたい‼」という気持ちが、泉のように湧《わ》き上がってくるんだ。

心と体をリフレッシュさせてこそ、上達に必要なハードな練習にだって耐えられる。休息をじょうずにとることで、なりたい自分になれる確率を高めることができるのだと思う。そして、大好きな野球はひたすら楽しんでほしい。うまくいかないときは楽しいと感じられないかもしれないけれど、どこまで行っても、「野球はゲーム」だと思ってほしい。子どもがゲームで遊ぶように楽しむことが、なによりも大切。何歳になっても、童心に戻って全力で野球を楽しめる野球人が最強だと考えている。

同じように、僕とチームメイトが全力で野球を楽しんだ先に、19年にのがした優勝や、まだ手が届いていない日本一があると信じている。

さらに「野球」を「人生」に置き換えれば、すべての人にあてはまるとも思うんだ。人生には野球以上に困難なことが多いけれど、僕はときどき休息をとりながら人生を楽しんでいきたいし、そのほうがきっとうまくいくと感じている。

だから、僕の愛する家族やチームメイト、応援してくれるカープファン、そして広島をはじめ日本全国の人々に、最後にこの言葉を送ります。みなさん、どんなときも、
「LET'S HAVE《ハブ》 FUN《ファン》！（みんなで一緒に楽しもう！）」

野球も人生も、とことん楽しんでいきましょう！

あとがき

「僕の本を……？　本当ですか……？」

この本を刊行するお話をいただいたときの驚きと高揚感はハッキリ覚えています。自分自身のこれまでの歩みや考え方などを日本の方々に知っていただける機会が訪《おとず》れるなんて、夢にも思いませんでした。

「自分の本が世に出るなんて考えたこともなかった……。僕のヒストリーが形となってこの世に残る。こんな光栄なことがあっていいのか？　夢じゃないよね？」

過去に著書を出版した外国人プレーヤーはそう多くないと知り、喜びはさらに増した。妻・カーリーも、「なんて名誉なことなの！　いい機会をいただいたじゃない。ありがたいわね!!」と言って、祝福してくれた。アメリカに住む、自分の家族もすごく喜んでくれた。「クリスが本を出版？　なんてめでたいことが起こったんだ！　おめでとう!!」と、大騒ぎさ。

日本人の祖母は、２０１６年のシーズン前にアメリカで亡くなってしまった。今も生きていれば、「私の母国で本を出版するの？」と、ものすごく喜んでくれたはず。そう思うと、残念でならない。おばあちゃんに本を直接手渡したかったけれど、きっと天国から僕の日本での奮闘を見守りながら、本をちゃっかり手に入れて、読んでくれているんじゃないかな。いつの日か感想を聞いてみたいよ。

そして、この本を読んでくださったみなさま、僕の半生に興味をいだいてくれただけでもうれしいのに、本を購入し、貴重な時間を割《さ》いて読んでくださった。言葉では言い尽くせない喜びです。「本を読んでくれた方々、1人ひとりにお礼の言葉を直接伝えたい！」。そんな気持ちでいっぱいになります。「KJのメッセージブックを買って良かった！」と思っていただけたら、このうえない幸せです。

最後に、僕の本に協力してくれたイシ（石原慶幸）、ダイチ（大瀬良大地）、クリ（九里亜蓮）、キミ（西村公良）、ゲーターー（三浦真治）や、カープ球団、廣済堂出版の関係者たちにも感謝を述べたい。ありがとうございました。サンキュー、エブリワン！

2020年8月

クリス・ジョンソン

※太字はリーグ最高、カッコ内は故意四球（敬遠）、MLB＝メジャーリーグ・ベースボール、NPB＝日本野球機構

無四球	投球回数	打者	被安打	被本塁打	奪三振	与四球	与死球	暴投	ボーク	失点	自責点	防御率
0	10 1/3	46	12	0	9	4(1)	1	2	0	7	7	6.10
0	13 1/3	64	17	2	12	9	0	1	0	7	7	4.73
0	23 2/3	110	29	2	21	13(1)	1	3	0	14	14	5.32
1	194 1/3	773	146	5	150	67	2	3	1	43	40	**1.85**
0	180 1/3	736	154	11	141	49(2)	3	3	0	50	43	2.15
0	76 1/3	328	79	4	53	25	2	2	0	40	34	4.01
0	144 2/3	609	137	9	113	48(4)	5	3	0	55	50	3.11
0	156 2/3	650	132	12	132	58(2)	4	3	0	50	45	2.59
1	752 1/3	3096	648	41	589	247(8)	16	14	1	238	212	2.54

〈おもな個人記録 MLB〉

- **初登板**　2013年8月18日、対アリゾナ・ダイヤモンドバックス6回戦（PNCパーク）、11回表に4番手で救援登板。6回被安打5、失点2、5奪三振で、敗戦投手
- **初奪三振**　同上、12回表にウィル・ニエベスから、空振り三振
- **初先発**　2013年9月1日、対セントルイス・カーディナルス16回戦（PNCパーク）、2回被安打7、失点5、1奪三振で、敗戦投手

〈おもな個人記録 NPB〉

- **初登板、初先発、初勝利、初完封勝利**　2015年3月28日、対東京ヤクルト2回戦（MAZDA《マツダ》 Zoom《ズーム》-Zoom《ズーム》スタジアム広島）、9回被安打1、無四球、7奪三振（準完全試合）
- **初奪三振**　同上、1回表に山田哲人《てつと》から、空振り三振

Results 年度別成績ほか

◉クリス・ジョンソン 年度別成績（一軍）

年度	チーム	試合数	勝利	敗戦	セーブ	ホールド	勝率	先発数	完投	完封
2013	パイレーツ	4	0	2	0	0	.000	1	0	0
2014	ツインズ	3	0	1	0	0	.000	3	0	0
MLB 通算		7	0	3	0	0	.000	4	0	0
2015	広島	28	14	7	0	0	.667	28	1	1
2016	広島	26	15	7	0	0	.682	26	3	2
2017	広島	13	6	3	0	0	.667	13	0	0
2018	広島	24	11	5	0	0	.688	24	0	0
2019	広島	27	11	8	0	0	.579	**27**	1	1
NPB 通算		118	57	30	0	0	.655	118	5	4

〈タイトル NPB〉

・**最優秀防御率**：1回（2015年）

〈表彰 NPB〉

・**沢村栄治賞**：1回（2016年） ※外国人として史上２人目

・**月間MVP**：1回（2018年７月）

CARP

KRIS JOHNSON

クリス・ジョンソン
メッセージBOOK
—HAVE FUN! 楽しもう!—
KRIS JOHNSON MESSAGE BOOK

ISBN978-4-331-52300-1 C0075

2020年9月10日　第1版第1刷

著者……クリス・ジョンソン

協力……株式会社広島東洋カープ
企画・プロデュース……寺崎江月(株式会社 no.1)
構成……服部健太郎
撮影……石川耕三(ユニフォーム・私服・練習風景写真など)
小池義弘(練習風景写真など)
写真協力……西田泰輔(P59、P78)　スポーツニッポン新聞社(P94右上)
ブックデザイン……坂野公一＋節丸朝子(welle design)
DTP……株式会社 三協美術
編集協力……長岡伸治(株式会社プリンシパル)
キビタキビオ(取材・写真協力)　根本明　松本恵
編集……岩崎隆宏(廣済堂出版)

発行者……後藤高志
発行所……株式会社 廣済堂出版
〒101-0052 東京都千代田区神田小川町2-3-13 M&Cビル7F
電話　編集 03-6703-0964／販売 03-6703-0962
FAX　販売 03-6703-0963
振替　00180-0-164137
URL　https://www.kosaido-pub.co.jp
印刷所・製本所……株式会社 廣済堂